Word Search

USA

Toni Lynn Cloutier

Illustrated by V.G. Myers

Sterling Publishing Co., Inc.
New York

6 8 10 9 7

Published by Sterling Publishing Co., Inc.
387 Park Avenue South, New York, N.Y. 10016
© 2001 by Helene Hovanec
Distributed in Canada by Sterling Publishing
c/o Canadian Manda Group, 165 Dufferin Street,
Toronto, Ontario, Canada M6K 3H6
Distributed in Great Britain and Europe by Chris Lloyd at Orca Book
Services, Stanley House, Fleets Lane, Poole BH15 3AJ, England
Distributed in Australia by Capricorn Link (Australia) Pty. Ltd.
P.O. Box 704, Windsor, NSW 2756 Australia

Printed in Hong Kong

Sterling ISBN 0-8069-7983-6

CONTENTS

INTRODUCTION

Welcome to *Word Search USA*, where you will learn several different facts about the fifty states that make up the United States of America.

You will notice that each puzzle is in the shape of a state. The word in bold lettering is the word hidden within the puzzle. Each word may be hidden forward, backward, up, down, or in any of four diagonal directions. When searching for a word, ignore all spaces and punctuation. Just the 26 letters of the alphabet are hidden in the grids. So if you're looking for "WASHINGTON, D.C." in the grid, you need to find "WASHINGTONDC" in a straight line somewhere.

Facts to be found throughout the book include where all 43 U.S. presidents were born, when each state joined the Union, each state's capital, highest point, and lowest point, and more, including state nicknames and what celebrities were born in that state.

Word Search USA is not only fun to solve, but it also can be a good resource for planning a family vacation, no matter what state your travel plans involve.

So explore the country and look for the hidden words at the same time!

—Toni Lynn Cloutier

ALABAMA

ADVENTURELAND Theme Park

State flower: **CAMELLIA**

CAMP ASCCA for people with disabilities

Highest point: **CHEAHA** Mountain at 2,407 feet

CIVIL RIGHTS Memorial

Lake **EUFAULA**

State saltwater fish: **FIGHTING TARPON**

JAZZ Hall of Fame

State shell: **JOHNSTONE'S JUNONIA**

Birthplace of Helen **KELLER**

State freshwater fish: **LARGEMOUTH BASS**

MCWANE Center

Lowest point: Gulf of **MEXICO** at sea level

State capital: **MONTGOMERY**

NOCCALULA Falls

Johnston **PEANUT BUTTER** Mill

State tree: **SOUTHERN PINE**

Talladega **SUPERSPEEDWAY**

TWENTY-SECOND state to enter the Union: December 14, 1819

VISIONLAND Theme Park

Birthplace of "Father of the Blues" **W.C. HANDY**

First **WHITE HOUSE** of the Confederacy

State bird: **YELLOWHAMMER**

```
J T S V O Z L I K P N W G O E H E
V V G B Z E H B H J Q M V O M B T
I D I A T D Y D N A H C W B U D A
A N J S C L K F D C O W I T N H R
L A F B I E R C N P H A F O B L K
D L T A X O J M T U M N C C O X F
P E M A D K N P A B O E I H G M L
K R X E I O G L T W S C L E D S O V
E U J S C N T S A Y V G N F S Y P U
O T F I L O O I T N E U H A F B Z C
H N X L N T C N A T D C B P I O Q M
V E T H J R E B U F S H Q N G W T R
I M V S L F W K H R J T Z E U H M Y D
P I D N Q T K R L Q U S M F I T B R S O
N H A L U L A C C O N D E T L I U E I U
O E B C F L P L M X L Y E N M N S M C T
M Z I Q U W J E K S C H T K O G T O I E
R C T A O I G R W O O J G B F T V G P M
I E F P U R L V E U Q C U R W A S T X B
Y S U L S A H N O S T N P I T E R Z N D K E
T E D A L G M B E U H T D V A W P C O H M A
X I J H O E A U X K E G U O S Y O I M P O Q
O W E K B C K T A F R J F B H E N D F K Z J
P C I L U F S L P J N H S C T X A M C V W P
K A J F Y A W D E E P S R E P U S A I A H C
I M V D E B S W H N I D M J Q T N H L L P U
F P O U L C T I R P N V H O C K U A M V Q I
C A M E L L I A T L E B I Y D M O E E U R O
L S T C O Z B H Q P F R D J B H P H O P H T
I C U P W L I S T H G I R L I V I C S R J W
D C O S H B
M A V W A L
C V Z L M M
O Z   D M R
J     F E Q
          R S
```

ANSWER, PAGE 106

ALASKA

ANCHORAGE

State flower: **FORGET-ME-NOT**

FORTY-NINTH state to enter the Union: January 3, 1959

State capital: **JUNEAU**

Nickname: The **LAST FRONTIER**

Highest point: Mount **MCKINLEY** at 20,320 feet

Lowest point: **PACIFIC** coast at sea level

State tree: **SITKA SPRUCE**

Prince **WILLIAM** Sound

State bird: **WILLOW PTARMIGAN**

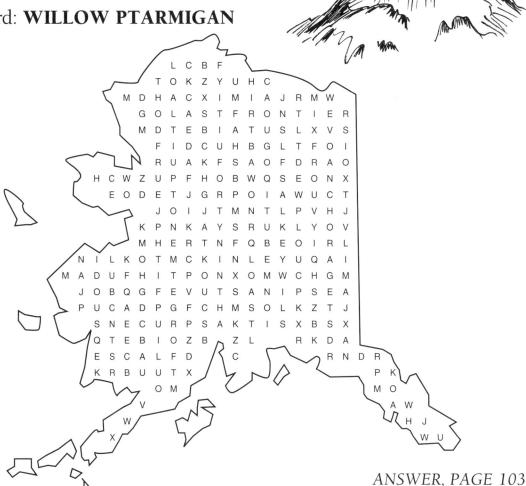

ANSWER, PAGE 103

ARIZONA

BIG SURF Water Park

State bird: **CACTUS WREN**

Lowest point: **COLORADO** River at 70 feet

FORTY-EIGHTH state to enter the Union: February 14, 1912

Nickname: The **GRAND CANYON** State

HOOVER DAM

Highest point: **HUMPHREYS PEAK** at 12,633 feet

PAYSON Zoo

State capital: **PHOENIX**

State flower: Blossom of the **SAGUARO** cactus

SCOTTSDALE

Dust **STORMS**

State tree: Palo **VERDE**

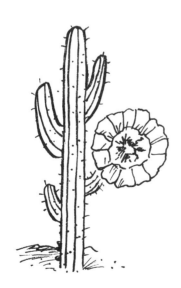

ANSWER, PAGE 106

ARKANSAS

State flower: **APPLE BLOSSOM**

Birthplace of country singer Johnny **CASH**

Birthplace of the 42nd U.S. President, Bill **CLINTON**

State gem: **DIAMOND**

Headquarters of **DILLARD'S** department store

State instrument: **FIDDLE**

State insect: **HONEYBEE**

Pine Mountain **JAMBOREE**

State capital: **LITTLE ROCK**

Highest point: **MAGAZINE** Mountain at 2,753 feet

State beverage: **MILK**

State bird: **MOCKINGBIRD**

Nickname: The **NATURAL** State

Lowest point: **OUACHITA** River at 55 feet

State tree: **PINE**

State fruit: **PINK TOMATO**

Little **RED RIVER**

TEXARKANA (town that borders Texas)

TWENTY-FIFTH state to enter the Union: June 15, 1836

Site of the first **WAL-MART**

Dinosaur **WORLD**

M A G A Z I N E I C T O F Q Y O P A R C
B O L P Q Y L X L S D R A L L I D U T
C S O V D W I A E P X W D N G O Z H B S
K S D M N O R K C O R E L T T I L O U
Q I O T P D U F U I E A M H A C M V
F X O L O S T W B M V G O N M I L K
B N R C B N A G O H I Z N S O S P Z
E P J N T E N I S F R M T E T D C
O B A S M I L A X V D W W U K T O
I Q M R K O C P E Y E L W D N O
W M B C D Y L U P N R T I V I W
A O O U A C H I T A S A T T P
X M R C R T K Y W R M K D F D
F B E L O U F T X O A U J G
L C E B D I J M N V H M S I
Z V S F L W D P I O R L T
K J T Z T E X A R K A N A E
A H O N E Y B E E I T Q J W

ANSWER, PAGE 103

CALIFORNIA

CALICO Ghost Town

Birthplace of actor Ted **DANSON**

Lowest point: **DEATH VALLEY** at 282 feet below sea level

DISNEYLAND

Nickname: The **GOLDEN** State

Birthplace of novelist **JACK LONDON**

KNOTT'S BERRY Farm

LEGOLAND

James **MARSHALL**, California's gold discoverer

MOVIELAND Wax Museum

Birthplace of the 37th U.S. President, Richard **NIXON**

State flower: California **POPPY**

QUEEN MARY ocean liner

State tree: **REDWOOD**

State capital: **SACRAMENTO**

San Diego's **SEA WORLD**

Birthplace of actress Shirley **TEMPLE**

THIRTY-FIRST state to enter the Union: September 9, 1850

Mickey's **TOONTOWN** (part of Disneyland)

State bird: California **VALLEY QUAIL**

Highest point: Mount **WHITNEY** at 14,494 feet

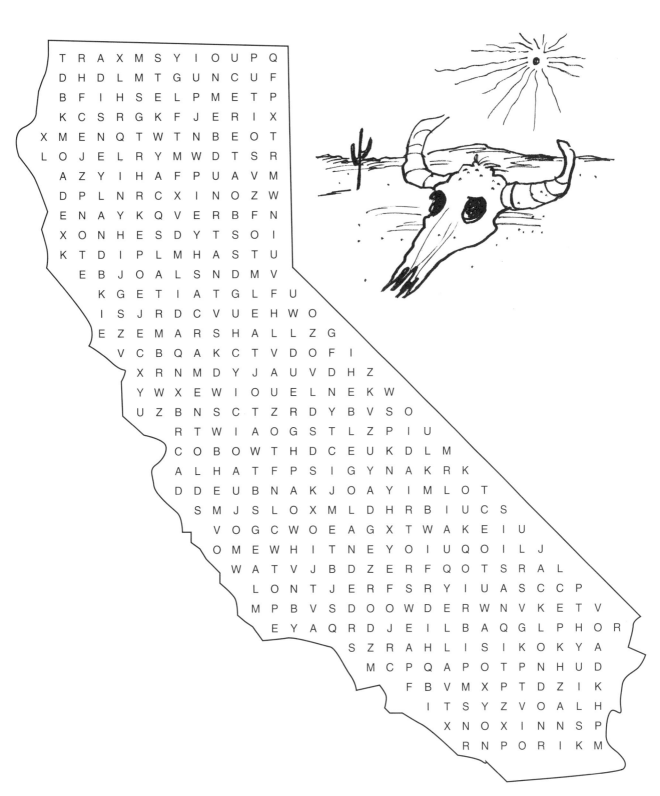

```
T R A X M S Y I O U P Q
D H D L M T G U N C U F
B F I H S E L P M E T P
K C S R G K F J E R I X
X M E N Q T W T N B E O T
L O J E L R Y M W D T S R
A Z Y I H A F P U A V M
D P L N R C X I N O Z W
E N A Y K Q V E R B F N
X O N H E S D Y T S O I
K T D I P L M H A S T U
  E B J O A L S N D M V
  K G E T I A T G L F U
  I S J R D C V U E H W O
  E Z E M A R S H A L L Z G
  V C B Q A K C T V D O F I
    X R N M D Y J A U V D H Z
    Y W X E W I O U E L N E K W
    U Z B N S C T Z R D Y B V S O
      R T W I A O G S T L Z P I U
      C O B O W T H D C E U K D L M
      A L H A T F P S I G Y N A K R K
      D D E U B N A K J O A Y I M L O T
      S M J S L O X M L D H R B I U C S
      V O G C W O E A G X T W A K E I U
      O M E W H I T N E Y O I U Q O I L J
        W A T V J B D Z E R F Q O T S R A L
        L O N T J E R F S R Y I U A S C C P
        M P B V S D O O W D E R W N V K E T V
        E Y A Q R D J E I L B A Q G L P H O R
            S Z R A H L I S I K O K Y A
            M C P Q A P O T P N H U D
            F B V M X P T D Z I K
              I T S Y Z V O A L H
              X N O X I N N S P
              R N P O R I K M
```

ANSWER, PAGE 105

13

COLORADO

Lowest point: **ARKANSAS** River at 3,350 feet

State tree: Colorado **BLUE SPRUCE**

Butch **CASSIDY**'s first bank robbery (Telluride)

Nickname: The **CENTENNIAL** State

State flower: **COLUMBINE**

Birthplace of boxer Jack **DEMPSEY**

State capital: **DENVER**

DOO ZOO Children's Museum

Highest point: Mount **ELBERT** at 14,433 feet

Denver **FIREFIGHTERS** Museum

Birthplace of skater Scott **HAMILTON**

State bird: **LARK BUNTING**

OCEAN JOURNEY Museum

PARK MEADOWS Mall

State dinosaur: **STEGOSAURUS**

THIRTY-EIGHTH state to enter the Union: August 1, 1876

U.S. OLYMPIC Training Center

```
U O V B I A T Y H K L O P M D C G A Z V E C T
P A T R E B L E Z F R X O C U N I R K F L H O
Z S U M Y T G S J Q P I W Z I T S H O K I D M
B I K W D A O P G S E K L T O R G Y T R V W H
R T I E N I B M U L O C N A T O H J T L G P C
D S U W O H F E Y P T U S H X F D Y G V Z U D
O Z L E I S O D E R B D J S B S E L A F H B V
A N U C R X I S N K O I W C O I W E B U X F X
L R V J M S P H R V Q S T E G O S A U R U S A
T E K B S R Q A U E N J I H O K E M D T L W U
D V M A O G L R O U T L T R U V D E T A S O B
B N C H N W Y B J P R H Z N F N Z S I Y T D I
A E L F Z S Q I N X L D G U M K O N V D R A G
K D O M B R A M A O M V T I C Y N T Q H M E C
L F K A P O Z S E N A L N C F E M P L Z A M R
J T L E D J Q P C Q R B M X T E B C B I S K B
N H C I P M Y L O S U W T N F O R T J R M R O
T M O A N K I V A T L S E D B K H I A N O A D
I U G B L U E S P R U C E L C R F K F P W P H
```

ANSWER, PAGE 102

CONNECTICUT

State bird: **AMERICAN ROBIN**

Birthplace of the 43rd U.S. President, George W. **BUSH**

State tree: **CHARTER OAK**

Nickname: The **CONSTITUTION** State

State shellfish: **EASTERN OYSTER**

FIFTH of the original 13 colonies: January 9, 1788

FOXWOODS resort

The **FRISBEE** was invented in 1920

Highest point: Mount **FRISSELL** at 2,380 feet

State mineral: **GARNET**

State hero: Nathan **HALE**

The **HAMBURGER** was invented in 1895

State capital: **HARTFORD**

LAKE COMPOUNCE Theme Park

The **LOLLIPOP** was invented in 1908

Lowest point: **LONG ISLAND** Sound at sea level

MARITIME Aquarium

MOHEGAN SUN resort

State flower: **MOUNTAIN LAUREL**

MYSTIC Seaport

State insect: **PRAYING MANTIS**

USBL basketball team: **SKYHAWKS**

The **VACUUM** was invented in 1933

```
W D K P Z O H T R I       Y D L Z E F B U M H D C K N
C F N E C N U O P M O C E K A L M O G R Z A X U I O
R A J A H S G L Y H E H X I A K J P W O H S U B A I
U W I P L X R S J Z K A L H J W O I L N G J O E C T
V O E F A S T C R L G R S V E P K H M K E R H I E U
T M V Q D I I E P F Q T U T I L W X J F N D X E K T
U H W E C O G G M C U E S L E S K Y H A W K S Z N I
E E B S I R F J N H A R L T K R J A C I Q P H O L T
I M R N U O I B E O I O S C O L N I Z S T D R Y J S
A J I B W A E R S G L A K V M T R O M E G N C H S N
S M E M T C N I Q F E Q K G F S E P F Y U P Q A T U O
T O A R D I B M P R A Y I N G M A N T I S N R J F I C
I H Y K B X R D U S P B A O A I U E B U V T P K I B F
Z E M J A E C A L U H D S L R C W H M Y F W E O F R T
X G N S L Z L K M R C O T Y N F O X W O O D S R C I Q
E A B K E N C P F B L A R U E L D A R Z X A F B P
L N F R I S S E L L T Z V M T G V D O W N
      S M A N T B F P
      U T K M I D
    D N O H S U
  C U P V
  I O H
M S
```

ANSWER, PAGE 110

17

DELAWARE

State tree: **AMERICAN HOLLY**

Lowest point: **ATLANTIC** coast at sea level

Birthplace of actress Valerie **BERTINELLI**

State bird: **BLUE HEN** chicken

BRANDYWINE Zoo

CAPE MAY ferry

DEWEY Beach

State capital: **DOVER**

Highest point: **EBRIGHT AZIMUTH** at 442 feet

FIRST of the original 13 colonies: December 7, 1787

GOLDEY-Beacom College

JUNGLE Jim's Amusement Land

State bug: **LADYBUG**

Grand **OPERA** House

State flower: **PEACH BLOSSOM**

PLAYLAND arcade

Milford **SKATING** Center

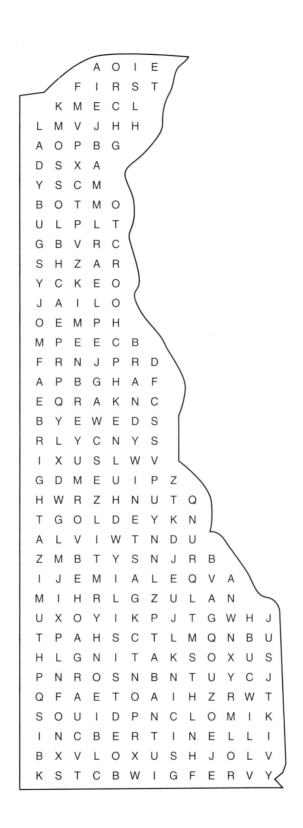

```
        A O I E
        F I R S T
        K M E C L
    L M V J H H
    A O P B G
    D S X A
    Y S C M
    B O T M O
    U L P L T
    G B V R C
    S H Z A R
    Y C K E O
    J A I L O
    O E M P H
    M P E E C B
    F R N J P R D
    A P B G H A F
    E Q R A K N C
    B Y E W E D S
    R L Y C N Y S
    I X U S L W V
    G D M E U I P Z
    H W R Z H N U T Q
    T G O L D E Y K N
    A L V I W T N D U
    Z M B T Y S N J R B
    I J E M I A L E Q V A
    M I H R L G Z U L A N
    U X O Y I K P J T G W H J
    T P A H S C T L M Q N B U
    H L G N I T A K S O X U S
    P N R O S N B N T U Y C J
    Q F A E T O A I H Z R W T
    S O U I D P N C L O M I K
    I N C B E R T I N E L L I
    B X V L O X U S H J O L V
    K S T C B W I G F E R V Y
```

ANSWER, PAGE 106

FLORIDA

ANIMAL Kingdom theme park

ASTRONAUT Hall of Fame

Lowest point: **ATLANTIC** coast at sea level

Highest point: **BRITTON** Hill at 345 feet

BUSCH Gardens

DAYTONA 500

Walt **DISNEY** World

Miami **DOLPHINS**

EPCOT Center

FORT Lauderdale

ISLANDS of Adventure

State bird: **MOCKINGBIRD**

State flower: **ORANGE** blossom

ORLANDO Magic

American **POLICE** Hall of Fame

State tree: **SABAL PALMETTO** Palm

The Children's **SCIENCE** Center

SEAWORLD Orlando

Kennedy **SPACE** Center

Nickname: The **SUNSHINE** State

State capital: **TALLAHASSEE**

TWENTY-SEVENTH state to enter the Union: March 3, 1845

UNIVERSAL Studios

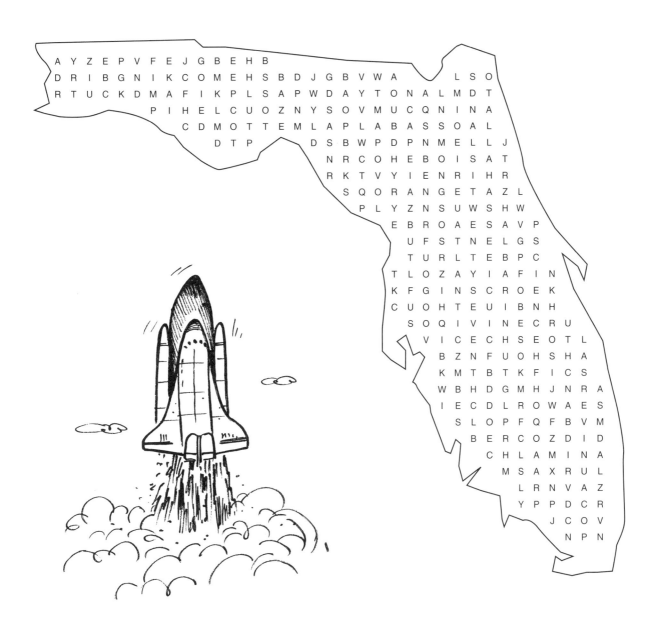

```
A Y Z E P V F E J G B E H B
D R I B G N I K C O M E H S B D J G B V W A        L S O
R T U C K D M A F I K P L S A P W D A Y T O N A L M D T
    P I H E L C U O Z N Y S O V M U C Q N I N A
      C D M O T T E M L A P L A B A S S O A L
        D T P       D S B W P D P N M E L L J
                    N R C O H E B O I S A T
                    R K T V Y I E N R I H R
                    S Q O R A N G E T A Z L
                    P L Y Z N S U W S H W
                    E B R O A E S A V P
                    U F S T N E L G S
                    T U R L T E B P C
                    T L O Z A Y I A F I N
                    K F G I N S C R O E K
                    C U O H T E U I B N H
                    S O Q I V I N E C R U
                    V I C E C H S E O T L
                    B Z N F U O H S H A
                    K M T B T K F I C S
                    W B H D G M H J N R A
                    I E C D L R O W A E S
                    S L O P F Q F B V M
                    B E R C O Z D I D
                    C H L A M I N A
                    M S A X R U L A
                    L R N V A Z Z
                    Y P P D C R V
                    J C O V N
                    N P N
```

GEORGIA

AMERICAN Adventures amusement park

State capital: **ATLANTA**

Lowest point: **ATLANTIC** coast at sea level

BABYLAND General Hospital for Cabbage Patch Kid dolls

Highest point: **BRASSTOWN** Bald at 4,784 feet

State bird: **BROWN THRASHER**

Birthplace of the 39th U.S. President, Jimmy **CARTER**

State flower: **CHEROKEE ROSE**

CNN CENTER news headquarters

Headquarters of **COCA-COLA**

DICKEY Peach Farms

Atlanta **FALCONS**

FOURTH of the original 13 colonies: January 2, 1788

Birthplace of Martin Luther **KING** Jr.

Birthplace of singer Gladys **KNIGHT**

LANIERLAND Music Park

State tree: **LIVE OAK**

Nickname: The **PEACH** State

Birthplace of John **PEMBERTON**, inventor of Coca-Cola

SIX FLAGS Over Georgia amusement park

Birthplace of author Alice **WALKER**

ANSWER, PAGE 107

HAWAII

Nickname: The **ALOHA** State

FIFTIETH state to enter the Union: August 21, 1959

State bird: Hawaiian **GOOSE**

State capital: **HONOLULU**

Oahu's flower: **ILIMA**

Lanai's flower: **KAUNAOA**

State tree: **KUKUI**

Maui's flower: **LOKELANI**

Highest point: **MAUNA KEA** at 13,796 feet

Birthplace of singer/actress Bette **MIDLER**

Kauai's flower: **MOKIHANA**

NORTH SHORE (world-famous surfing)

Lowest point: **PACIFIC** coast at sea level

PARADISE Cove

Hawaii's big island flower: **RED LEHUA** ohia

Hawaii **VOLCANOES** National Park

WAIMEA Valley Adventure Park on Oahu

Molokai's flower: **WHITE** kukui blossom

State flower: **YELLOW HIBISCUS**

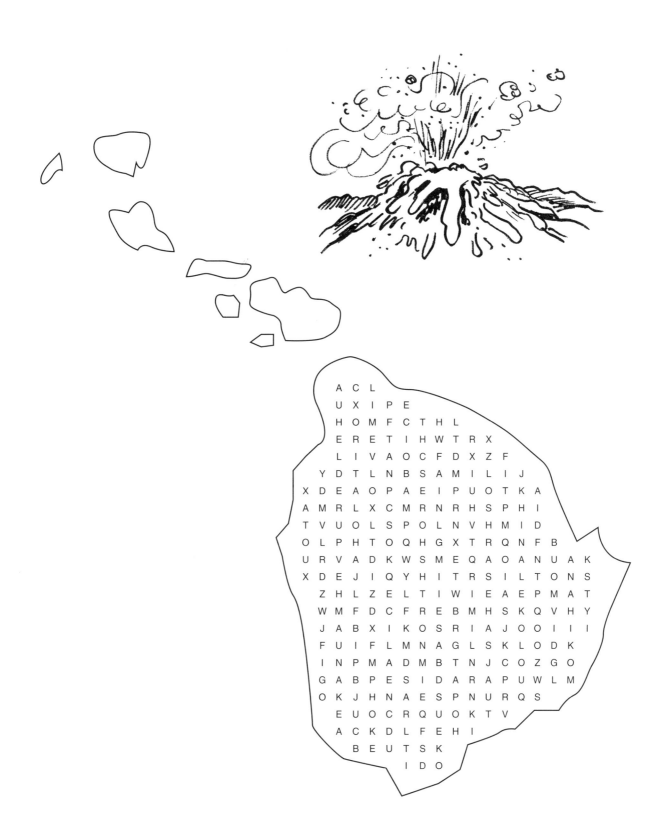

A C L
U X I P E
H O M F C T H L
E R E T I H W T R X
L I V A O C F D X Z F
Y D T L N B S A M I L I J
X D E A O P A E I P U O T K A
A M R L X C M R N R H S P H I
T V U O L S P O L N V H M I D
O L P H T O Q H G X T R Q N F B
U R V A D K W S M E Q A O A N U A K
X D E J I Q Y H I T R S I L T O N S
Z H L Z E L T I W I E A E P M A T
W M F D C F R E B M H S K Q V H Y
J A B X I K O S R I A J O O I I I
F U I F L M N A G L S K L O D K
I N P M A D M B T N J C O Z G O
G A B P E S I D A R A P U W L M
O K J H N A E S P N U R Q S
E U O C R Q U O K T V
A C K D L F E H I
B E U T S K
I D O

ANSWER, PAGE 105

IDAHO

State horse **APPALOOSA**

State capital: **BOISE**

Highest point: **BORAH PEAK** at 12,662 feet

FORTY-THIRD state to enter the Union: July 3, 1890

State gem: Star **GARNET**

Nickname: The **GEM STATE**

MINING center for silver and gold

State bird: **MOUNTAIN BLUEBIRD**

SAND DUNES

SHOSHONE Falls

SILVERWOOD Amusement Park

Lowest point: **SNAKE** River at 710 feet

Snake River **STAMPEDE**

State flower: **SYRINGA**

TOSOIBA Geyser

State tree: **WHITE PINE**

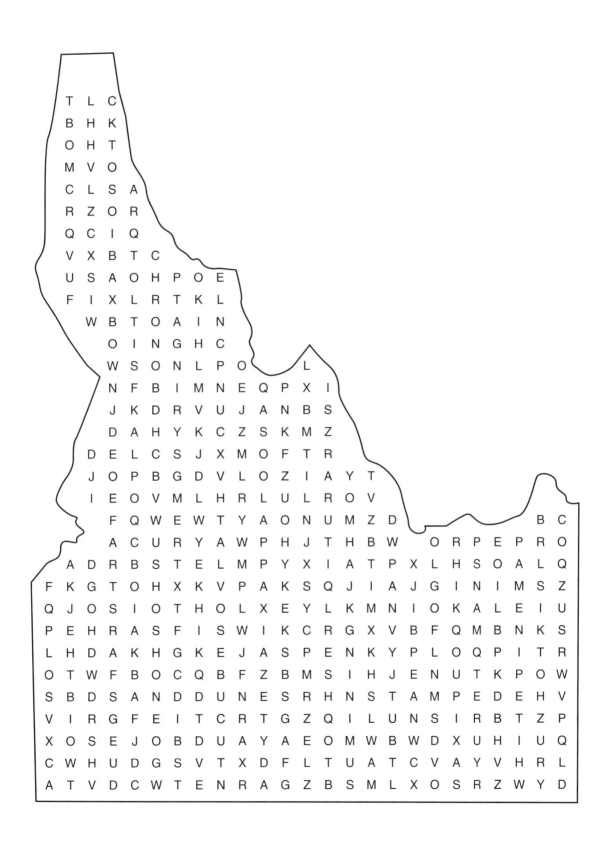

ANSWER, PAGE 104

ILLINOIS

View **BALD EAGLES**

State bird: **CARDINAL**

Highest point: **CHARLES** Mound at 1,235 feet

State mineral: **FLUORITE**

Birthplace of Raggedy Ann and Andy creator Johnny **GRUELLE**

Birthplace of author Ernest **HEMINGWAY**

JFK HEALTH World

Michael **JORDAN** Golf Center

MCDONALD'S Museum

MILLER Park Zoo

Lowest point: **MISSISSIPPI** River at 279 feet

State insect: **MONARCH BUTTERFLY**

State flower: **NATIVE VIOLET**

ODYSSEY Fun World amusement park

PIRATE'S Cove Theme Park

Nickname: The **PRAIRIE** State

Birthplace of the 40th U.S. President, Ronald **REAGAN**

SANTA'S Village Theme Park

SHEDD Aquarium

State capital: **SPRINGFIELD**

State animal: White-**TAILED** deer

TWENTY-FIRST state to enter the Union: December 3, 1818

State tree: **WHITE OAK**

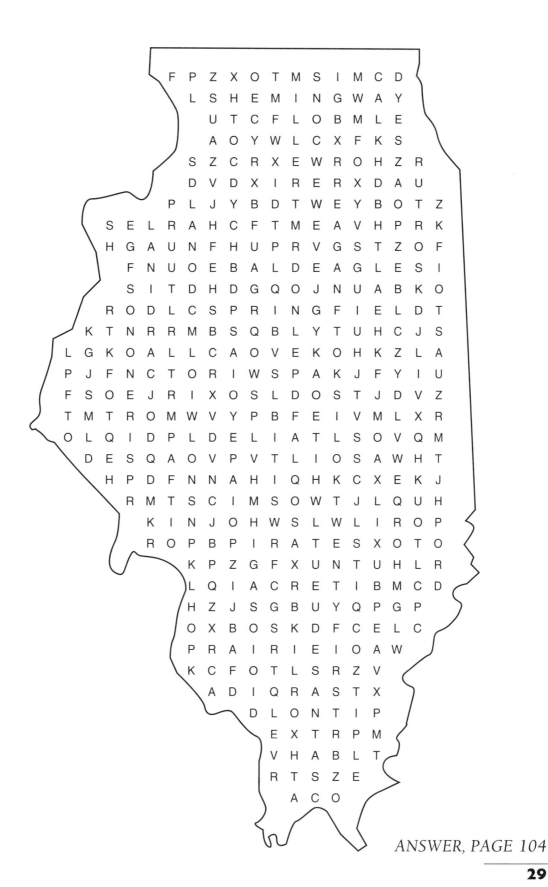

```
      F P Z X O T M S I M C D
      L S H E M I N G W A Y
        U T C F L O B M L E
        A O Y W L C X F K S
      S Z C R X E W R O H Z R
      D V D X I R E R X D A U
    P L J Y B D T W E Y B O T Z
  S E L R A H C F T M E A V H P R K
  H G A U N F H U P R V G S T Z O F
    F N U O E B A L D E A G L E S I
    S I T D H D G Q O J N U A B K O
    R O D L C S P R I N G F I E L D T
    K T N R R M B S Q B L Y T U H C J S
  L G K O A L L C A O V E K O H K Z L A
  P J F N C T O R I W S P A K J F Y I U
  F S O E J R I X O S L D O S T J D V Z
  T M T R O M W V Y P B F E I V M L X R
  O L Q I D P L D E L I A T L S O V Q M
    D E S Q A O V P V T L I O S A W H T
    H P D F N N A H I Q H K C X E K J
    R M T S C I M S O W T J L Q U H
    K I N J O H W S L W L I R O P
    R O P B P I R A T E S X O T O
    K P Z G F X U N T U H L R
    L Q I A C R E T I B M C D
    H Z J S G B U Y Q P G P
    O X B O S K D F C E L C
    P R A I R I E I O A W
    K C F O T L S R Z V
    A D I Q R A S T X
    D L O N T I P
    E X T R P M
    V H A B L T
    R T S Z E
    A C O
```

ANSWER, PAGE 104

INDIANA

Birthplace of basketball player Larry **BIRD**

State bird: **CARDINAL**

COLLEGE Football Hall of Fame

Birthplace of actor James **DEAN**

GRISSOM Air Museum

Highest point: Hoosier **HILL** at 1,257 feet

HOLIDAY WORLD and Splashin' Safari amusement park

Nickname: The **HOOSIER** State

State capital: **INDIANAPOLIS**

Birthplace of singer Michael **JACKSON**

Birthplace of talk show host David **LETTERMAN**

Birthplace of actress Shelley **LONG**

MESKER Park Zoo

NEEDMORE Buffalo Farm

NINETEENTH state to enter the Union: December 11, 1816

NOTRE DAME University

State flower: **PEONY**

Lowest point: **SOUTHWEST** boundary
    at 320 feet

State tree: **TULIP POPLAR**

```
            H Z Q V S O U T L O B P
        L R E B T R F N A M E S K E R
        M D N O Z N J C K T G B F L P
        U P A W T D E S T Z R X M Y Q
        F H E N O T R E D A M E A R T
        V P K I G D R C T O B U D I O
        L J E M L M N L P E W Q S V A
        B A I O A P Z B K Y N J B Z F
        D G Y N N L W T D R X I O C Y
        Z Q C H I Y S E L C H L N M W
        O B I R D R M N R G I R P L Q
        J L E O R E I S O O H N O E W
        L B H J A T L O W B M Z V R N
        H A I F C Q I M Y A H D C A B
        T H T K J E D C A X I A E I P
        M O S S I R G O D F T D H E D
        S T F C H A F E I G C J R O N
        I U S P J D I N L E F K D T O
        O L R E B E D K O L T E S J L
        Q I A D W I O M H F O Q A D K
        D P K H A H E A B D T C R I M
        M P H N G S T B P F K W B M
        L O A I O L M U D S L
        B P R K H U S I O R K
      R O L O N G R O N M S
    A L D A P M V I T S U
  L I Z Q R O A D     F
  S     P
```

ANSWER, PAGE 105

31

IOWA

ARNOLDS Park amusement park

BOJI BAY Water Park

DENISON Aquatic Fun Center

State capital: **DES MOINES**

State bird: **EASTERN GOLDFINCH**

State rock: **GEODE**

Nickname: The **HAWKEYE** State

Highest point: **HIGH POINT** at 1,670 feet

Birthplace of the 31st U.S. President, Herbert **HOOVER**

Lowest point: **JUNCTION** of Mississippi and Des Moines rivers at 480 feet

K.D. STATION family fun center

MILLER'S Country Zoo

SLEEPY HOLLOW Sports Park

TWENTY-NINTH state to enter the Union: December 28, 1846

Birthplace of actor John **WAYNE**

State flower: **WILD ROSE**

WINNEBAGO County

```
S A R U T W E N T Y N I N T H R M D F O
O L D M H S B L A R N O L D S H F Q P L Y
P N E L B X W B I O H J I A M I L L E R S
T Q S E T O I M J I T C R O B G P C G A D
  P M C P J R D B G K B Q N E H Q L O F H E
  E O K O Y Z Q V S M O P O R P D A H K E J
  T I B R Q H F H L R Q D A M O Z I B E G I N M
    N D P L N O A F E E D B W I N N E B A G O S U
    E J Y G O Y L D V R E S L N Y B Y D O H R I Z
    S H C N I F D L O G N R E T S A E K F D T B
    N I A S T W G L O A I C T J H S K C J V
      E T F A U E M H W S T S K O C W E H
      H Z Y T B F A P Q O E U R J X A B D
      A N O S V D C M V N U D P D F H Q M
      E G E D X O E L P N L V A W T I A L
      C B C K E T X N O I T C N U J F H K
        F D W N D B S W O R L P Q M I D
                                    C
```

ANSWER, PAGE 111

KANSAS

State animal: American **BUFFALO**

Birthplace of automaker Walter P. **CHRYSLER**

State tree: **COTTONWOOD**

GREYHOUND Hall of Fame

State insect: **HONEYBEE**

LAKESIDE Speedway

State bird: Western **MEADOWLARK**

Highest point: **MOUNT** Sunflower at 4,039 feet

State flower: **NATIVE** sunflower

State amphibian: Barred tiger **SALAMANDER**

Nickname: The **SUNFLOWER** State

National **TEACHERS** Hall of Fame

THIRTY-FOURTH state to enter the Union: January 29, 1861

State capital: **TOPEKA**

State reptile: Ornate box **TURTLE**

Birthplace of actress Vivian **VANCE** (Ethel on "I Love Lucy")

Lowest point: **VERDIGRIS** River at 680 feet

```
T O H Z X R E D N A M A L A S O T B F H D O T C
E I M C S L V J Q H K P D U V A L J P L M H I E
V C D K T E B D L A K E S I D E F A C J I Z R A
O E N R C I H W I T J U P A V H M B F R O C S Q K
G L U A F A D G S K S V D O I S G A T F A K L T I N
O T Q L V B G R A H X W R L T R T Y B O U Q H I J L
K J Y W D A E E K C Y R E W O L F N U S N B O R C K
A E I O C H R Y S L E R D I J O R Q A V L M N J M C
U H X D C L Z H L T Q P C H U P W C M T K U E S I V
F S K A P B R O F D S L I R C H X L N O I H Y T D M
T I E E Z M A U C M E Z T G Y Q J U S D Q V B P C D
M T P M C B E N B D N H C O T T O N W O O D E Y J Q
O D N F V E R D I G R I S P I M U P E W Z F E R H O
```

ANSWER, PAGE 111

KENTUCKY

International **BAR-B-Q** Festival

Highest point: **BLACK** Mountain at 4,145 feet

Nickname: The **BLUEGRASS** State

State bird: **CARDINAL**

Kentucky **DERBY** at Churchill Downs

Birthplace of food expert **DUNCAN HINES**

FIFTEENTH state to enter the Union: June 1, 1792

State capital: **FRANKFORT**

GM CORVETTE plant

State flower: **GOLDENROD**

Birthplace of the 16th U.S. President, Abraham **LINCOLN**

Birthplace of country singer Loretta **LYNN**

Lowest point: **MISSISSIPPI** River at 257 feet

Birthplace of "Father of Bluegrass" Bill **MONROE**

Kentucky Speedway for **NASCAR** races

RAVEN Rock, which juts out at a 45-degree angle and is 290 feet high

National **SCOUTING** Museum

Louisville **SLUGGER** Museum

State tree: **TULIP POPLAR**

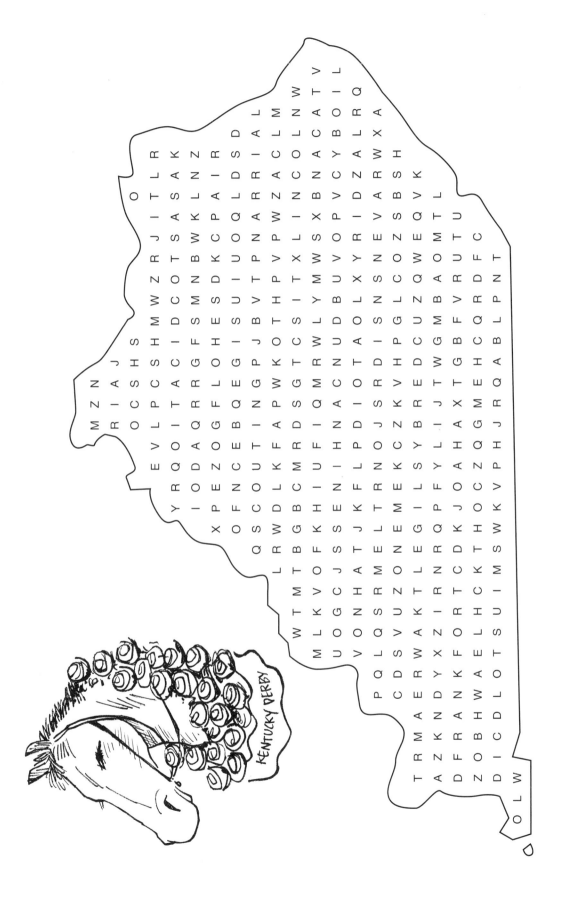

KENTUCKY DERBY

ANSWER, PAGE 112

LOUISIANA

State tree: **BALD CYPRESS**

State capital: **BATON ROUGE**

BLUE BAYOU Water Park

State bird: Eastern **BROWN** pelican

Louisiana **DOWNS** racetrack

Highest point: **DRISKILL** Mountain at 535 feet

EIGHTEENTH state to enter the Union: April 30, 1812

EMPIRE South Pass Tarpon Rodeo

HAMEL'S Amusement Park

State flower: **MAGNOLIA**

MARDI GRAS celebration

Lowest point: **NEW ORLEANS** at 8 feet below sea level

Counties are called **PARISHES**

Nickname: The **PELICAN** state

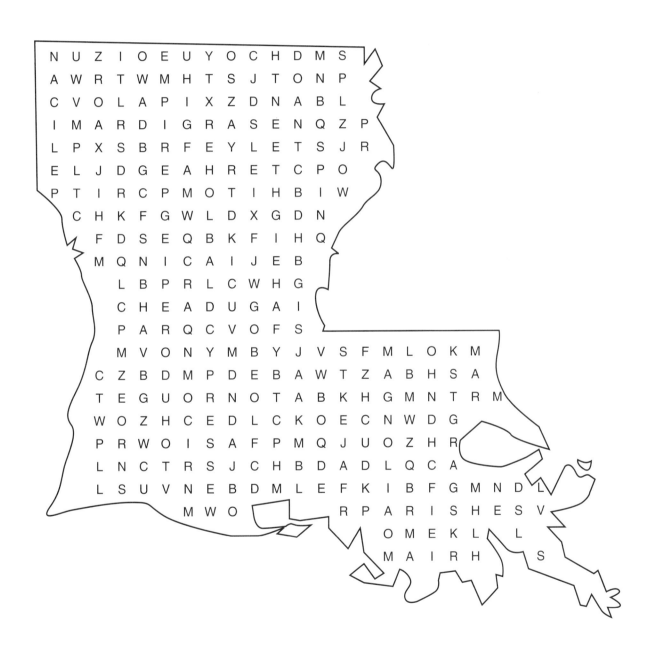

```
N U Z I O E U Y O C H D M S
A W R T W M H T S J T O N P
C V O L A P I X Z D N A B L
I M A R D I G R A S E N Q Z P
L P X S B R F E Y L E T S J R
E L J D G E A H R E T C P O
P T I R C P M O T I H B I W
  C H K F G W L D X G D N
    F D S E Q B K F I H Q
    M Q N I C A I J E B
      L B P R L C W H G
      C H E A D U G A I
      P A R Q C V O F S
      M V O N Y M B Y J V S F M L O K M
      C Z B D M P D E B A W T Z A B H S A
      T E G U O R N O T A B K H G M N T R M
      W O Z H C E D L C K O E C N W D G
      P R W O I S A F P M Q J U O Z H R
      L N C T R S J C H B D A D L Q C A
      L S U V N E B D M L E F K I B F G M N D L
        M W O         R P A R I S H E S V
                        O M E K L L
                        M A I R H S
```

ANSWER, PAGE 105

MAINE

Lowest point: **ATLANTIC** coast at sea level

State capital: **AUGUSTA**

State bird: **CHICKADEE**

FUNLAND Amusement Park

Portland **HEAD LIGHT** lighthouse

State insect: **HONEYBEE**

Highest point: **KATAHDIN** Mountain at 5,268 feet

Birthplace of author Stephen **KING**

L.L. BEAN clothing company

LOST VALLEY ski area

State cat: **MAINE COON CAT**

State animal: **MOOSE**

MUNICIPAL Beach

PELLETIER-Marquis House at St. Agatha Museum (genealogy)

Nickname: The **PINE TREE** State

POLAND SPRINGS bottled water

State gemstone: **TOURMALINE**

TWENTY-THIRD state to enter
   the Union: March 15, 1820

State tree: **WHITE PINE**

```
        M           L F K T
        D N I D H A T A K
        E V B C T I C U O
        K W S U D S N O G E
        Y X C H O T O P T U Z
      E E B Y E N O H J W S Y
      O Z M Z A C U M S V T L
      A S U L E K R U C P A F
      H B N N T B M V N K G H
      C K I E E D A K C I H C
      J A C Q L G L B S F M R
      M Z I D T J I G T I C S
      V O P H K W N T E S I N
    X A Y U A E T I E A R I T O
      C W I F L J R O D N I H N G D
    P Q G V B K P H N M Z T S A Q F
    K T A L O S T V A L L E Y L F P C
  P O M H L P D J P T E Z S D P T O L Y
  R E J G I N B V L C B H O B T A H Q K
  O E L I A T O D N A L N U F C O S I S P R
  D N Y L F H M K R U L V K I R C N W R T O
  M I O D E D A J Q V E W T A L G F K X D
  R P X A B T N P D S Z   R X S O L
  Z E W E H R I S L X     Y
  P T Z H G N T E O W
  L I F C E O Y M R Y
  J H O T F Z L I
  T W R D E I
  S E L
  E K E
  U Z
      R
```

ANSWER, PAGE 108

MARYLAND

State capital: **ANNAPOLIS**

Highest point: **BACKBONE** Mountain at 3,360 feet

State bird: **BALTIMORE ORIOLE**

State flower: **BLACK-EYED** Susan

Lowest point: **BLOODY** Point Hole at 174 feet below sea level

State insect: Baltimore **CHECKERSPOT** butterfly

State fossil shell: **ECPHORA** gardnerae gardnerae (an extinct snail's shell)

FRONTIER TOWN water park

Yogi Bear's **JELLYSTONE** Park

JOLLY ROGER amusement park

State sport: **JOUSTING**

National Library of **MEDICINE**

NASA/Goddard Space Flight Center

Annie **OAKLEY** House

Nickname: The **OLD LINE** State

PLANET Maze

Birthplace of baseball player Babe **RUTH**

Birthplace of "The Star-Spangled Banner" writer Francis **SCOTT KEY**

SEVENTH of the original 13 colonies: April 28, 1788

Adjacent to **WASHINGTON, D.C.**

State tree: **WHITE OAK**

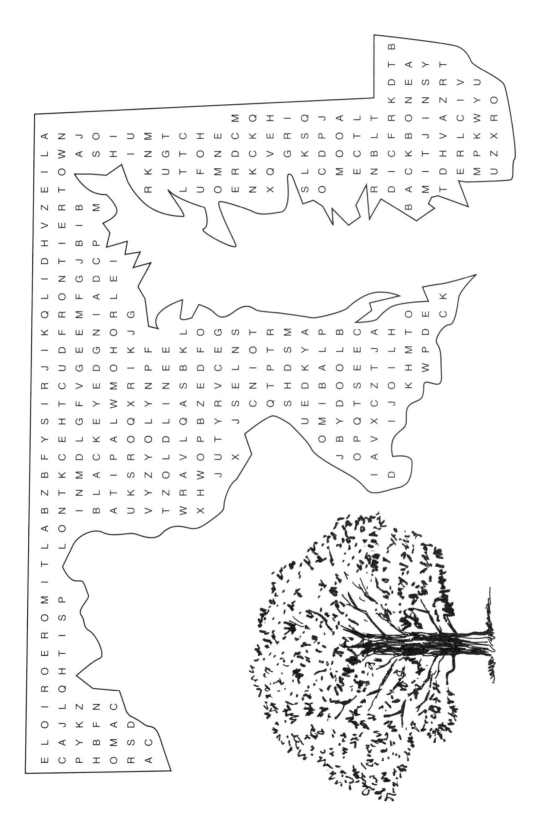

MASSACHUSETTS

Birthplace of the 6th U.S. President, John Quincy **ADAMS**

Lowest point: **ATLANTIC** coast at sea level

BATTLESHIP Cove

Nickname: The **BAY STATE**

The **BLACK DOG** general store

State capital: **BOSTON**

Birthplace of the 41st U.S. President, George **BUSH**

CAPE COD

CAPRON Park Zoo

State bird: **CHICKADEE**

State muffin: **CORN** muffin

State beverage: **CRANBERRY JUICE**

Birthplace of poet Emily **DICKINSON**

State fossil: **DINOSAUR** tracks

Highest point: Mount **GREYLOCK** at 3,491 feet

HARVARD University

Birthplace of the 2nd U.S. President, **JOHN** Adams

Birthplace of the 35th U.S. President, John F. **KENNEDY**

State insect: **LADYBUG**

LA SALETTE Shrine

MARTHA'S Vineyard

Boston **MASSACRE** on March 5, 1770

State flower: **MAYFLOWER**

State horse: **MORGAN** horse

NANTUCKET Island

Boston **RED SOX**

State marine mammal: **RIGHT WHALE**

Museum of **SCIENCE** in Boston

SIXTH of the original 13 colonies: February 6, 1788

State cat: **TABBY** cat

Boston **TEA PARTY** on December 16, 1773

The Indian name for **WEBSTER** Lake is Chargoggagoggmanchauggagoggchaubunagungamaugg (longest geographic name the U.S.)

YANKEE Candle Company

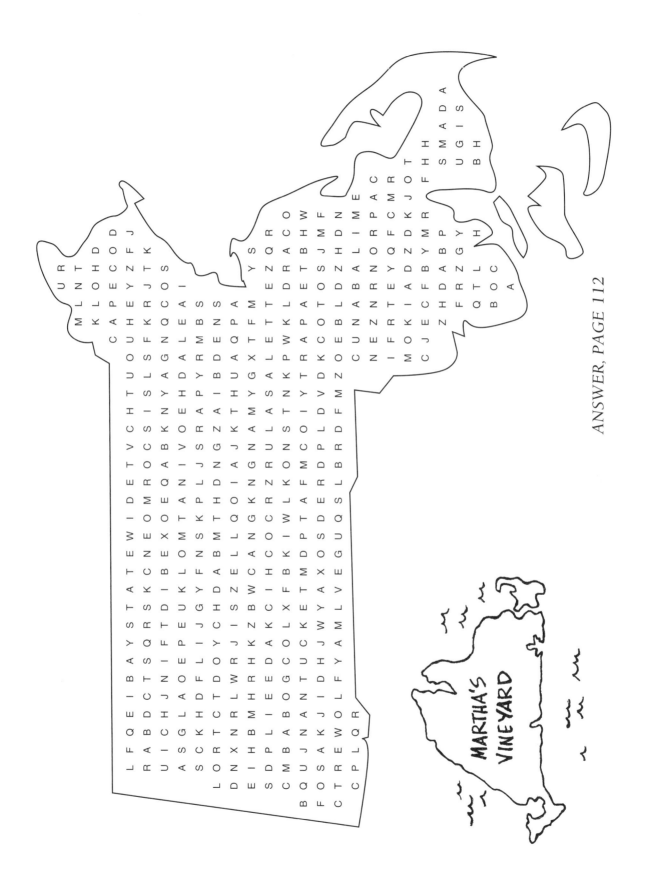

ANSWER, PAGE 112

MICHIGAN

Michigan **ADVENTURE** amusement park

State flower: **APPLE BLOSSOM**

Highest point: Mount **ARVON** at 1,980 feet

BIG RED lighthouse

State fish: **BROOK TROUT**

CROSWELL Opera House

Lowest point: Shore of Lake **ERIE** at 572 feet

FULL BLAST amusement park

GENERAL MOTORS

Nickname: The **GREAT LAKES** State

State gem: **ISLE** Royale greenstone

KALAMAZOO

State soil: **KALKASKA** sand

KELLOGG'S Cereal

State capital: **LANSING**

Detroit **LIONS**

"**MIGHTY MAC**" suspension bridge

State reptile: **PAINTED TURTLE**

State stone: **PETOSKEY** stone

State bird: **ROBIN**

TWENTY-SIXTH state to enter the Union: January 26, 1837

State game mammal: **WHITE-TAILED** Deer

ZINGERMAN'S Deli

```
              R
           W S O Q U I
           O M B G V L P B          M D J H
      E T U I P V G I Y R O        L L E W S O R C
      A S N D F M P O N X W Q H P B R S Q A Z M A I S
      S R O T O M L A R E N E G T O        M Y
           D B L D A C I                   T R
           C E J B                         H O L S
           F K                             G S N O I L
                                           A I A T O Q A O
                                           O M D R Z N T S
                                           R N V Q A B P R N
                                   H O E L D E P M U N O
                                   B G K B P N V A Q V S
                                   N R I J H T R L R Q T
                                   I B J O L A U M A C M        G
                                   Z G K R T O B R Z K L        E R
                                   O F A B S I K E E D Y        T E F
                                   D E L I A T E T I H W U M F S A J
                                   M K E L H D C R Z X O V R E T D
                                   R A Z B C W A E O S Y I O W L G
                                   S S D L K X B R S U W I E C A S
                                   K K L E H G O A O T N B R K Z I
                                   A G U G Z L N P E T O S K E Y
                                   A I F Q B F T I Y D B A F S O
                                   M J H E J E D S S C E P I L
                                   N R E L A K H I K A N I O C
                                   O F P G F Z X Z R O T A M
                                   R L P A I N T E D T U R T L E
                                   P A L K O H W X V A L O
```

ANSWER, PAGE 104

MINNESOTA

AERIAL Lift Bridge

State gemstone: Lake Superior **AGATE**

ALEXANDRIA

Mall of **AMERICA**

AURORA BOREALIS or Northern Lights

State muffin: **BLUEBERRY**

Paul **BUNYAN** and Babe the Blue Ox sculpture in Bemidji

State bird: **COMMON LOON**

Highest point: **EAGLE** Mountain at 2,301 feet

Birthplace of singer/actress Judy **GARLAND**

The **GREYHOUND** Bus Company started here in 1914

State flower: Pink and white **LADY SLIPPER**

Lowest point: Shore of **LAKE** Superior at 602 feet

State drink: **MILK**

State mushroom: **MOREL**

Nickname: The **NORTH STAR** State

State tree: **NORWAY PINE**

State capital: **SAINT PAUL**

Headquarters of Hormel Food, makers of **SPAM**

Lake **SUPERIOR**

THIRTY-SECOND state to enter the
Union: May 11, 1858

Minnesota **TIMBERWOLVES**

Minnesota **TWINS**

Minnesota **VIKINGS**

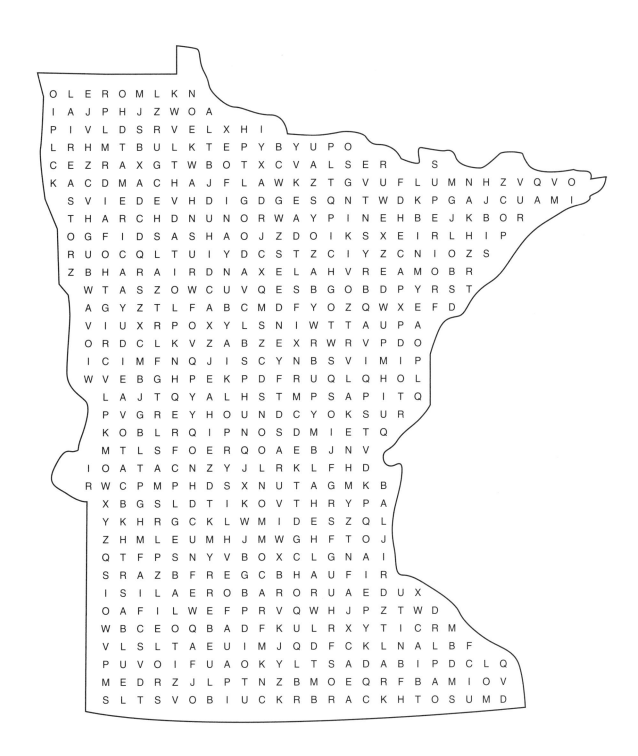

State fish: **WALLEYE**

State grain: **WILD RICE**

Setting for "On the Banks of Plum County," by Laura Ingalls **WILDER**

ANSWER, PAGE 108

MISSISSIPPI

ALCORN State University

BRIGADOON Farm Retreat

Birthplace of guitarist Bo **DIDDLEY**

FRIENDSHIP Oak

FUN TIME USA amusement park

Lowest point: **GULF** coast at sea level

Birthplace of singer Faith **HILL**

State capital: **JACKSON**

Birthplace of **KERMIT** the Frog creator Jim Henson

Home of rock 'n' roll legend Jerry Lee **LEWIS**

State flower: **MAGNOLIA**

MARINE LIFE Oceanarium

State bird: **MOCKINGBIRD**

Birthplace of football player Walter **PAYTON**

Birthplace of singer Elvis **PRESLEY**

Birthplace of football player Jerry **RICE**

Birthplace of singer LeAnn **RIMES**

TWENTIETH state to enter the Union: December 10, 1817

Birthplace of singer Conway **TWITTY**

Birthplace of actress Sela **WARD**

Birthplace of talk show host Oprah **WINFREY**

Highest point: **WOODALL** Mountain at 806 feet

Birthplace of singer Tammy **WYNETTE**

```
              C T R K H O T V Z R M W
            A L P X I Y F D Q J M F N T
          D O B A E D M I V S Z U Q P H
          M R U R V H T E I T N E W T Y
        D F I K L G X T S T H Q F P E
        C T C S B W J Y I I P W N O E X
        P E G V T G O P M J A G X E G L
      Q O S R M D K N E R O Z R D T M O
      I E B A T Q Z U I E T S F Y T D J
      L H Z H R M S A E K U Q V C E H N
  T X G E D K A H T J A C K S O N L G
  S Y E L S E R P Q Z D H O E Z Y C U
  P F O T I J I S B R I K Y M B W I D
  C I U N Q O N L Y M Z S R I E A K A
  T Y H V P D E X C N T O B D L U O X
  O P Z S J W L L A D O O W J A T B V
  Z A X W D V I B H C I T X O M W J I
  R E B J M N F G F A D L Y C K X A O
    M I S I W E L Z O E F S A F S M Z
    D L O K U Q I C B J Q W K P Y L C
    A H P N F E P R R S M T N J R O V
    L C T C U T I N F C P L B N I Q F
    J K Z M T G A M X D E L W G X P E
  N R O C L A V S W V A R I L O S C A
  W G O Q D B G U Y T K N H A I C V I
  T O E D O Y G L N B O F O U M P O T Y
A V A C O R B C R M O R L T V Z F Q E G
N C F N F X L T H U E L N D C O V L M T
Q P D B T S E B L Y T T I W T E D C U S
B L Z R E W A O V I S C V A X D O U M G
H S T V B W O Z N F G W B R I K R N R R
                  L P D C H W V K Z
                  C O I X R Z Q J P
                  V W Q L M O T R
                  A Z
```

ANSWER, PAGE 107

MISSOURI

State bird: **BLUEBIRD**

DIXIE Stampede family dinner show

State tree: **DOGWOOD**

GATEWAY Arch

Headquarters of **HALLMARK** cards

State flower: **HAWTHORN**

State capital: **JEFFERSON CITY**

M'SHOOGY'S emergency animal rescue

MINER MIKE'S family fun center

OCEANS OF FUN water park

Kansas City **ROYALS**

Lowest point: **SAINT FRANCIS** River at 230 feet

Nickname: The **SHOW ME** State

Highest point: **TAUM SAUK** Mountain 1,772 feet

Mel **TILLIS** Theater

Birthplace of the 33rd U.S. President, Harry S **TRUMAN**

Birthplace of writer Mark **TWAIN**

TWENTY-FOURTH state to enter the Union: August 10, 1821

```
S O T W I V R B N T J Z H A P Y A
A B Z Q U S I J L I K F X W B V B
X I S Y I A Q C I S L A Y O R T W
Y Z N L W H I D T E Y L N A Z C I
  P T T J A K M K N G I V C S K L
A X I F G U Z F I A E M S R X D H
W O V K R P L D M O I B D T R B M J
B L L S A H G R X T O W H L O Y F G
  U V F D N O E P D L S U E C G N R
C E Y T I C N O S R E F F E J E S K H L
B T M C G E I D J B R T Z A O D B T U T
D F N O M S M S I K J K Q N E P R A C P
S R D E F H T R B X K E A S F U M U O
D O O W G O D Q C P I D P O O U C L V
A Q M E N W F B K E I E G F S R Q P N I
Y N C N B M C T O Q U L Y F E C K W D T
R A P V Y E R W B P H T A U M S A U K H A
F M W A W M N Z L D N I O N D T E X R S E G
O U B E O F S O Q E R A H S B U S J A Y I F
R R P X T H L U W N G S N C Y A G F M D O B T
Q T C I H A W T H O R N J W V G L Z L T R H V
S F A D T K G V A M E F M B K X O Y L C S L J
B G E H J M A I D L O R U S T V P O A B T O
                              H K Z I
                              R S C
                              O A M
```

ANSWER, PAGE 107

MONTANA

State flower: **BITTERROOT**

American **COMPUTER** Museum

State fish: **CUTTHROAT TROUT**

FORTY-FIRST state to enter the
Union: November 8, 1889

Highest point: **GRANITE** Peak at 12,799 feet

State animal: **GRIZZLY BEAR**

State capital: **HELENA**

Lowest point: **KOOTENAI** River at 1,800 feet

State tree: **PONDEROSA PINE**

ROOSEVELT Arch

State gemstones: **SAPPHIRE** and agate

Nickname: The **TREASURE** State

State bird: **WESTERN MEADOWLARK**

YELLOWSTONE National Park

```
A Z H E T I N A R G I P J F K E Q Z H P V C X Z B E F K
K B L E A L Z T A S E L O D T S A P R Q U N B R I N O M
F E M D L S R P E C B D H N K L J B E T O E G Y T O E A
J P S B N E Y U B R M K G I D M T L T A F S M Q T T K O
K I A H V N E Y X E J C F N E S H D G P H F E E S B L
C M P K R A L W O D A E M N R E T S E W N X R W G E
D O G P F W Z P A C N P E O I O Z L Q A I E R O J R
E X H D Z T Q F M V A S F C S H I D T W O L C U
N R K I I O S I D T U D Y K Y A R U J P O L H S
C L O J R U H B T Q O B T B I U P L C V T E Z A
F M G C G E K R L P S E R J X M S I A T K Y D E
D Q I O V O G Q C A K O A O T V B N M U N I R
L B Q U J H S R O H F C W R O O S E V E L T
P H T L B
A P W
```

ANSWER, PAGE 111

NEBRASKA

Nickname: The **CORNHUSKER** State

State tree: **COTTONWOOD**

FOLSOM Children's Zoo

Birthplace of the 38th U.S. President, Gerald **FORD**

FUNPLEX water park

State flower: **GOLDENROD**

Boyhood home of artist Robert **HENRI**

State capital: **LINCOLN**

Birthplace of civil rights advocate **MALCOLM X**

Lowest point: **MISSOURI** River at 480 feet

Highest point: **PANORAMA POINT** at 5,424 feet

RIVERSIDE Zoo

THIRTY-SEVENTH state to enter the Union: March 1, 1867

State bird: **WESTERN MEADOWLARK**

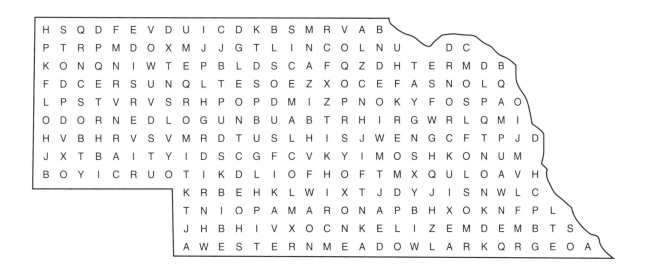

```
H S Q D F E V D U I C D K B S M R V A B
P T R P M D O X M J J G T L I N C O L N U        D C
K O N Q N I W T E P B L D S C A F Q Z D H T E R M D B
F D C E R S U N Q L T E S O E Z X O C E F A S N O L Q
L P S T V R V S R H P O P D M I Z P N O K Y F O S P A O
O D O R N E D L O G U N B U A B T R H I R G W R L Q M I
H V B H R V S V M R D T U S L H I S J W E N G C F T P J D
J X T B A I T Y I D S C G F C V K Y I M O S H K O N U M
B O Y I C R U O T I K D L I O F H O F T M X Q U L O A V H
              K R B E H K L W I X T J D Y J I S N W L C
              T N I O P A M A R O N A P B H X O K N F P L
              J H B H I V X O C N K E L I Z E M D E M B T S
              A W E S T E R N M E A D O W L A R K Q R G E O A
```

ANSWER, PAGE 110

NEVADA

State bird: Mountain **BLUEBIRD**

Setting for the TV series **BONANZA**

BOOMTOWN'S Family Fun Center

Highest point: **BOUNDARY** Peak at 13,143 feet

State capital: **CARSON CITY**

Lowest point: **COLORADO** River at 470 feet

State reptile: **DESERT TORTOISE**

ETHEL M chocolate factory

FLYAWAY Indoor Skydiving

HOOVER DAM

LAS VEGAS

M&M WORLD

OCEAN SPRAY Cranberry
   World West

RENO

State flower: **SAGEBRUSH**

Nickname: The **SILVER** State

THIRTY-SIXTH state to enter the Union: October 31, 1864

UFO SIGHTINGS in Area 51

WILD ISLAND family amusement complex

```
D B F T J F C A R S O N C I T Y
R E A Z N A N O B I F L V D A A
Z K S K D J W D I E O K E R S W
D L M E V C T A S K W J P I U A
N A T I R G X R H D B S D B H Y
A S N W O T M O O B N H F E S L
L V R L B U T L G A K X M U U F
S E Z U R H Y O E C M X I L R I
I G P M X A M C R F M H O B B O
D A N O G Q O S V T W Y U S E L
L S H I L D F A B E O S N J G M
I O T H T X I S Y T R I H T A D
W H C F S H Z E L P L Z S D S K
      N L P R M G C D A D T R E R M
        A X B H U I E T H E L M V X
          S A I T C S L V U N T P L
            I C B X V O P B S M S T
              L I A O M F O Q U R I
                V H L S N U H V K D
                  E B E T N L M D U
                    R H L D R X L
                      D C A Q C
                        V R I M
                          Y E D
                            E
```

ANSWER, PAGE 103

NEW HAMPSHIRE

ALPHA TEEN Theatre

Lowest point: **ATLANTIC** coast at sea level

BALSAMS golf resorts

BRETTON WOODS mountain resort

CANOBIE Lake Park amusement park

CLARKS Trading Post

State capital: **CONCORD**

Nickname: The **GRANITE** State

State flower: Purple **LILAC**

LOON Mountain

LOST RIVER Gorge

First **LOTTERY** in the United States

NINTH of the original 13 colonies: June 21, 1788

Birthplace of the 14th U.S. President, Franklin **PIERCE**

State bird: **PURPLE FINCH**

SIX GUN City amusement park

Highest point: Mount **WASHINGTON** at 6,288 feet

WATER COUNTRY water park

WEATHER Discovery Center

State tree: **WHITE BIRCH**

```
                              T  S  H
                           V  R  X  C
                           P  O  A  R
                        C  K  L  E  I
                        R  I  J  Q  B
                        L  S  Y  H  E
                        T  J  R  O  T
                        G  A  T  P  I
                        N  I  N  T  H
                        F  H  U  C  W
                     I  B  E  O  D  I
                     L  H  Q  C  J  B
                  V  A  K  G  R  T  L
               O  U  I  J  W  I  E  P  S
         H  T  S  J  P  Y  O  H  T  W  M
         D  C  L  D  R  X  F  R  A  E  C
         S  R  N  E  K  B  J  S  W  O  K
         E  K  T  I  Y  P  H  Q  G  R  F
         C  T  K  C  F  I  M  E  R  D  J
      C  O  Q  E  P  N  E  A  S  Z  N  A
      L  F  D  X  G  A  R  L  F  P  F  D
   R  N  B  J  T  W  O  C  D  P  B  C  N
   U  S  G  O  R  C  S  E  B  E  R  G  I
V  Q  O  N  U  G  X  I  S  E  T  E  U  O
Y  L  M  I  Y  F  A  G  T  K  D  T  B  P
C  P  R  G  U  L  T  N  H  F  U  T  K  H
W  S  B  H  R  V  G  B  D  C  L  O  A  E
B  Z  M  L  W  E  A  T  H  E  R  V  N  M  G  R
Q  D  O  P  A  V  H  N  J  T  D  E  W  Q  R  S
C  X  T  J  I  I  O  M  I  Z  E  R  O  H  P  W  B
A  I  N  C  K  R  A  C  L  T  S  W  O  L  F  A  I
Z  V  T  A  B  T  L  P  A  Y  E  X  D  C  L  Z  X
S  X  E  N  I  S  K  H  R  P  L  C  S  S  N  V  Y  L
B  K  L  O  O  A  O  P  T  C  K  D  H  A  I  Q  O  I  M
O  Z  O  F  B  H  L  R  I  J  X  F  M  J  K  U  T  C
R  L  D  J  I  A  O  T  N  A  L  S  K  B  E  N
T  B  F  G  E  S  K  R  A  L  C  A  X
```

ANSWER, PAGE 109

NEW JERSEY

Lowest point: **ATLANTIC** coast at sea level

Atlantic City **BOARDWALK**

Birthplace of the 22nd and 24th U.S. President, Grover **CLEVELAND**

DISCOVERY House children's museum

State bird: **EASTERN GOLDFINCH**

FAIRY TALE Forest theme park

Nickname: The **GARDEN** State

Highest point: **HIGH POINT** at 1,803 feet

IMAGINE That Museum

JENKINSON's Aquarium

State tree: **RED OAK**

THIRD of the original 13 colonies: December 18, 1787

State capital: **TRENTON**

State flower: **VIOLET**

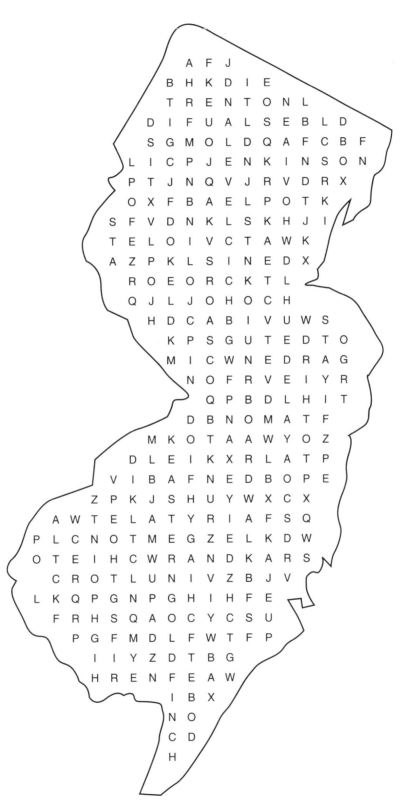

```
        A F J
        B H K D I E
        T R E N T O N L
        D I F U A L S E B L D
        S G M O L D Q A F C B F
        L I C P J E N K I N S O N
        P T J N Q V J R V D R X
        O X F B A E L P O T K
        S F V D N K L S K H J I
        T E L O I V C T A W K
        A Z P K L S I N E D X
        R O E O R C K T L
        Q J L J O H O C H
        H D C A B I V U W S
        K P S G U T E D T O
        M I C W N E D R A G
        N O F R V E I Y R
        Q P B D L H I T
        D B N O M A T F
      M K O T A A W Y O Z
      D L E I K X R L A T P
      V I B A F N E D B O P E
      Z P K J S H U Y W X C X
    A W T E L A T Y R I A F S Q
  P L C N O T M E G Z E L K D W
  O T E I H C W R A N D K A R S
    C R O T L U N I V Z B J V
    L K Q P G N P G H I H F E
    F R H S Q A O C Y C S U
      P G F M D L F W T F P
        I I Y Z D T B G
        H R E N F E A W
            I B X
            N O
            C D
            H
```

ANSWER, PAGE 108

NEW MEXICO

ALMA ghost town

State cookie: **BISCOCHITO**

Nickname: Land of **ENCHANTMENT**

EXPLORA science center

FORTY-SEVENTH state to enter the Union: January 6, 1912

Georgia **O'KEEFFE** Museum

State tree: **PINON**

Lowest point: **RED BLUFF** Lake at 2,817 feet

State bird: **ROADRUNNER**

State capital: **SANTA FE**

TRINITY Site, where the world's first atomic bomb exploded

State gem: **TURQUOISE**

Highest point: **WHEELER PEAK** at 13,161 feet

State flower: **YUCCA**

```
E  S  I  O  U  Q  R  U  T  K  Y  E  W  K  Z  J  T
F  X  R  C  M  E  I  B  O  T  Q  O  D  P  B  N  R
S  J  P  D  Q  A  N  Z  I  F  E  F  F  E  E  K  O
G  B  H  L  J  S  K  N  L  Q  F  O  X  M  F  H  H
K  R  I  C  O  A  I  B  C  N  I  U  T  Q  C  T  N
A  T  D  L  P  R  D  Y  A  H  O  N  L  U  A  N  E
H  C  B  H  T  O  A  M  L  P  A  R  Y  B  P  E  G
E  F  A  T  N  A  S  B  N  H  P  L  C  O  D  V  P
A  Q  U  X  O  D  M  X  C  Q  K  T  S  M  L  E  D
L  D  G  J  E  R  C  N  T  A  D  S  Z  T  K  S  R
I  V  Z  K  T  U  E  W  E  O  L  V  F  R  H  Y  C
Y  M  F  N  O  N  I  P  M  W  T  M  B  O  C  T  O
W  U  Y  X  I  N  R  O  V  N  G  U  A  S  Q  R  B
E  O  C  N  S  E  B  I  S  C  O  C  H  I  T  O  S
T  B  W  C  L  R  P  J  K  L  D  R  K  S  V  F  I
D  A  X  E  A  V  S  O  I  M  S  U  N  C  G  E  S
M  L  E  T  N
Z  H  R  O
W  Q  F  B
```

ANSWER, PAGE 109

NEW YORK

State capital: **ALBANY**

Lowest point: **ATLANTIC** coast at sea level

BASEBALL Hall of Fame

State bird: **BLUEBIRD**

BUFFALO Bills

CONEY Island

Birthplace of actor Tom **CRUISE**

ELEVENTH of the original 13 colonies: July 26, 1788

Nickname: The **EMPIRE** State

Staten Island **FERRY**

Birthplace of the 13th U.S. President, Millard **FILLMORE**

Birthplace of the 32nd U.S. President, **FRANKLIN** D. Roosevelt

Statue of **LIBERTY**

LONG Island

MADISON Square Garden

MANHATTAN

Highest point: Mount **MARCY** at 5,344 feet

NBC **STUDIO** Tour

NIAGARA Falls

Birthplace of talk show host Rosie **O'DONNELL**

RADIO CITY Music Hall

RICH Stadium

ROCKEFELLER Center

Birthplace of the 26th U.S. President, Theodore **ROOSEVELT**

State flower: **ROSE**

SHEA Stadium

New York **STOCK** Exchange

Birthplace of singer Barbra **STREISAND**

State tree: **SUGAR MAPLE**

THIRTY MILE Point Lighthouse

TIMES Square

Birthplace of the 8th U.S. President, Martin **VAN BUREN**

WATKINS GLEN State Park

YANKEE Stadium

ANSWER, PAGE 112

NORTH CAROLINA

Lowest point: **ATLANTIC** coast at sea level

CAPE Fear

State bird: **CARDINAL**

CHARLOTTE Motor Speedway

State flower: **DOGWOOD**

Birthplace of the 17th U.S. President, Andrew **JOHNSON**

State beverage: **MILK**

Highest point: Mount **MITCHELL** at 6,684 feet

MYSTERY Hill, site of optical illusions

Birthplace of race car driver Richard **PETTY**

State tree: **PINE**

Birthplace of the 11th U.S. President, James K. **POLK**

State capital: **RALEIGH**

SANTA'S LAND amusement park

Nickname: The **TAR HEEL** State

TWEETSIE Railroad theme park

TWELFTH of the original 13 colonies: November 21, 1789

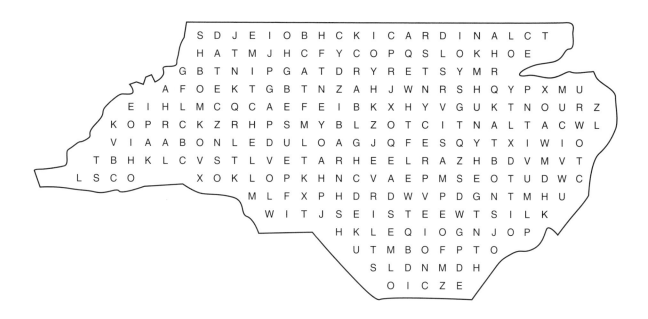

```
S D J E I O B H C K I C A R D I N A L C T
H A T M J H C F Y C O P Q S L O K H O E
  G B T N I P G A T D R Y R E T S Y M R
    A F O E K T G B T N Z A H J W N R S H Q Y P X M U
  E I H L M C Q C A E F E I B K X H Y V G U K T N O U R Z
K O P R C K Z R H P S M Y B L Z O T C I T N A L T A C W L
V I A A B O N L E D U L O A G J Q F E S Q Y T X I W I O
T B H K L C V S T L V E T A R H E E L R A Z H B D V M V T
L S C O       X O K L O P K H N C V A E P M S E O T U D W C
        M L F X P H D R D W V P D G N T M H U
          W I T J S E I S T E E W T S I L K
            H K L E Q I O G N J O P
              U T M B O F P T O
                S L D N M D H
                  O I C Z E
```

ANSWER, PAGE 110

NORTH DAKOTA

Center for **AEROSPACE** Sciences

State tree: **AMERICAN ELM**

State capital: **BISMARCK**

Birthplace of **CARL BEN** Eielson, first pilot to fly over the North Pole

CHAHINKAPA Zoo

Boyhood home of baseball player Roger **MARIS**

Nickname: The **PEACE GARDEN** State

Lowest point: **RED RIVER** at 750 feet

SERTOMA Amusement Park

THIRTY-NINTH state to enter the Union: November 2, 1889

WATER WORLD water park

Birthplace of bandleader Lawrence **WELK**

State bird: **WESTERN MEADOWLARK**

Highest point: **WHITE BUTTE** at 3,506 feet

State flower: **WILD PRAIRIE ROSE**

K P V S O T C H P L D A S M V H C I F L T O R P N M K H F C B
D R E U F Q I O C K P H L S M W L K N C B H A L J C F D H K O
F E A T L C D B E F A E T T U B E T I H W R B O M A L Z C S T
K D M L B I L J O K N S A Q A I M L O Z G T I L B R S X L W Z
G R H C W Q P H M A G O F Z J H T P K B Q S H T O L K M U M I
C I D Q H O N B C Z S R P R Y M K A Y D A I C W V B Y F D S A
H V O N K R D I H T O E G O B G S L Q J F T R W C E I O V N R
O E C E L V R A K Q V I B S X A J A M E P E G D J N B S H S Z L
L R S D I E D M E A N R E N M F L R P C T S B X I L H D M O M B
C A B R M U W F E M X I H O W N R F D A O N F I E A O G U A H K
G C T A O S C R H S N A T M C E Z Q W I K J A Y J I M Q R P R L
F R H G R Q O C D R F R C T V O I R S D E N E H C K L I T B K C I
B H O E Z S A M K C E P E L U Q T G E H C M I Z F P S D F C T O K
D T K C P B X S L S G D I T H I R T Y N I N T H D L Q P L O I F D
I Q F A F T Y K I H B L M K S P U F K A W K I G A M E C S Q H Z M
E V C E D H E O F Q S I D J D E H V G X D L D E N H O R F T C S L
A E B P M Z A I B A P W T V Z X W O I C H A G F B E C K L P W X R

ANSWER, PAGE 110

OHIO

ALPINE Valley ski area

Birthplace of astronaut Neil **ARMSTRONG**

State tree: **BUCKEYE**

Highest point: **CAMPBELL HILL** at
    1,550 feet

State bird: **CARDINAL**

CINCINNATI

State capital: **COLUMBUS**

Pro **FOOTBALL** Hall of Fame

Birthplace of the 20th U.S. President,
    James A. **GARFIELD**

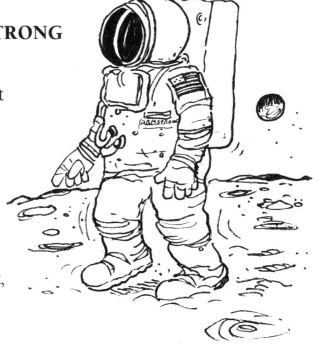

Birthplace of astronaut and senator
    John **GLENN**

Birthplace of the 18th U.S. President, Ulysses S. **GRANT**

Birthplace of the 29th U.S. President, Warren G. **HARDING**

Birthplace of the 23rd U.S. President, Benjamin **HARRISON**

Birthplace of the 19th U.S. President, Rutherford B. **HAYES**

HOOVER Vacuum Cleaner Museum

JEEPERS amusement park

Paramount's **KINGS** Island amusement park

Birthplace of the 25th U.S. President, William **MCKINLEY**

Lowest point: **OHIO** River at 433 feet

Headquarters of **RUBBERMAID**

State flower: **SCARLET CARNATION**

SEVENTEENTH state to enter the Union: March 1, 1803

Headquarters of **SMUCKER'S**

Birthplace of the 27th U.S. President, William H. **TAFT**

ANSWER, PAGE 102

OKLAHOMA

BELLS Amusement Park

BIG SPLASH water park

State animal: **BISON**

Highest point: **BLACK MESA** at 4,973 feet

Birthplace of country singer Garth **BROOKS**

Oklahoma **COUNTRY**/Western Music Hall of Fame

State instrument: **FIDDLE**

FORTY-SIXTH state to enter the Union: November 16, 1907

National Hall of Fame for Famous American **INDIANS**

Lowest point: **LITTLE RIVER** at 287 feet

Birthplace of country singer Reba **MCENTIRE**

State flower: **MISTLETOE**

State capital: **OKLAHOMA CITY**

PENSACOLA DAM

State tree: **REDBUD**

Birthplace of humorist Will **ROGERS**

State bird: **SCISSOR-TAILED** flycatcher

Nickname: The **SOONER** State

```
S C I S S O R T A I L E D I N C I A P C L B D M V C I
L P V Q R O I S L N M D O H M Q O L S K O O R B H T O
        D E A M T L P R N P Q S U A R K S D
        I L B Z X E M A F L T N O N P G Z H
        A C L I I E L D D I F Q U E T Y B A
        N F K P S K Y T P R M W N X F R E Z I
        S A W V Y O Q B S C V S T C E D Y Q S P
        I S I C T H N T S I A O B F N R W C L G O
        O G J H R B U X B C M S D R D V Z O I J N
        R E N O O S K C O K L A H O M A C I T Y F
        H B Z Y F A V L W D U E R G U G B H T E A
        R E L T J I A D X L M Z L E C P C K L S M
        M S R D R D W B C A D F Q R K H X A E D H
        P L F I A H X V E U K C Y S B T Q M R K L
        B S Y M T S E Z B L E G P A S J K S I O C
        A N D U K N A D U J L D A O R C O L V A J
            W B G E K B I G S P L A S H Q E D M
            V R D C F Q F H T L O Z U M R L P
            E M G I K B S N I K A T C I
                      F I
```

ANSWER, PAGE 110

OREGON

State nickname: The **BEAVER** State

BUCKEROO Rodeo in July

CRATER LAKE National Park

No self-serve **GAS STATIONS**

Highest point: Mount **HOOD** at 11,239 feet

LIVELY PARK Swim Center

MAX LIGHT Rail

MULTNOMAH Waterfall (620 foot drop)

State flower: **OREGON GRAPE**

OWEN Rose Garden (over 4,500 roses)

Lowest point: **PACIFIC** coast at sea level

State capital: **SALEM**

No **SALES** tax

SKI BOWL skiing area

State gemstone: **SUNSTONE**

THIRTY-THIRD state to enter the Union: February 14, 1859

State rock: **THUNDEREGG**

"Terrible **TILLY**" lighthouse

Portland's **UNION** Station

State bird: **WESTERN MEADOWLARK**

YAQUINA HEAD lighthouse

```
K C   L
  R D M F
  H A U P                     B T F M O S T C D
  R Z L Q V               W F S M E W P K D H S
  T A T W B W Z S V Q L U E D L I D O H R K N
  H L N H O Y X T E I T K R A P Y L E V I L M
  E T O F R D H M I L A W S P V C G X B H Y F
  S O M C E Z A C F L A Q E F R U I O G T L E
  D L A B G O W E R D S S Q G E J W F K Y O S L
  P X H W O V D E M F O R G C B L H R I T Z U B R
S F Y D M N M T H A N O E A T Q J F L T R M O E Z
K A Z R Z G A O U S T R B F S E R T H G I L X A M
T S X B L R M B H L E E E P I B N K U L H M W V X
C I F I C A P E M D R K C T A S P O M N T A U E B
C W L E Y P Z K N F B C G A S S T A T I O N S R O
J U I B L R E Q U C O Q U O G Q E R O V S I K D T F
V A T M S Y R H D X G I B A H O I W N J B N X O Q D
B D N C D O T F E W V P N H Z K E Y D E H W U C E L
O B I L C P D K Q Y A Q U I N A H E A D C B S R A
```

ANSWER, PAGE 111

PENNSYLVANIA

Birthplace of the 15th U.S. President, James **BUCHANAN**

CADDIE SHAK Family Fun Park

CHILDVENTURE Museum

CRAYOLA Crayon Factory

Highest point: Mount **DAVIS** at 3,213 feet

Lowest point: **DELAWARE** River at sea level

DORNEY amusement park

Edwin **DRAKE** drilled first oil well in 1859

State insect: **FIREFLY**

State capital: **HARRISBURG**

State tree: **HEMLOCK**

HERSHEY chocolate factory

Nickname: The **KEYSTONE** State

KNOEBELS amusement park

LIBERTY BELL

State flower: **MOUNTAIN LAUREL**

MUSHROOM Museum at Phillips Place

Birthplace of Betsy **ROSS**

State bird: **RUFFED GROUSE**

SECOND of the original 13 colonies: December 12, 1787

SESAME PLACE amusement park

State animal: **WHITETAIL** deer

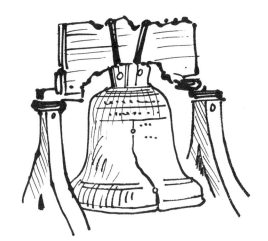

ANSWER, PAGE 111

77

```
        A M
W P Z O V E N W A F E K C Z O C U T C A D D I E S H A K P M D T
I H M U S H R O O M S D H Q H P M D E F N K H S W E L O Z P J Q S
B N I R M A Z D B R C W I C Y F O D I E B M U F N Y G K Z H S I
C T M T L F E K I S J D L E M I L R Q F A L P O C X D A O K O L Y R
X Q P A E L I R A K M D L Y R Z T S H Z R H A R R I S B U R G J E Q
M Z L I Q T D Q H X V C V E A K R E I C M V O G X W M L N A S G X T
C U D N E G A L T E E R F H N J V S A P Y I T D F M P O E R B U P O
H E M L O C K I N T V L K S M U Z A O L D K U E Q B Z A M B H F V
O L B A P H F T L U Y B U R O I Q M L S O Z N F G V N L W C E I D
K F J U L D U P Y R S T Q E L P V E O M N Y R F U A B Y D R T O E
G D V R W R J M L T D F J H R F B P I A Q J A U H L S V K Z W S N
I W E E E C E F C U S A T P E Y P L J X T O S R T E X B C T O H O K
K H X L O K G O X R M S I D T G W A B E Q I Y T C K J E I U G A T R
F C O T A J B P V E Y G Q R N O A C M W U R E O F D W U C I Q K S L
C S X R C W H N D W Q R E H C F X E L D R O N S I E C V H R N I Y M
E J D S H B A O Z T A B U C H A N A N V H D R D L J G F L M V O E T
A K T Z P K F R X M I K R Q I D B Q D I T U O K H Z R T S A S I K
D F H M Z A B P E L C F P T L M C E R S R V D L A C U O D L
```

RHODE ISLAND

ANN & HOPE, America's first discount department store

Lowest point: **ATLANTIC** coast at sea level

The Big **BLUE BUG**, a landmark on Interstate 95

BUTTERFLY Zoo

COLT State Park

CRESCENT Park Carousel

DEL'S lemonade

ENCHANTED Forest theme park

FEDERAL Hill

FLEET Skating Center

Highest point: **JERIMOTH HILL** at 812 feet

State tree: Red **MAPLE**

NEWPORT

Nickname: The **OCEAN** State

State capital: **PROVIDENCE**

State shell: Northern **QUAHOG**

State bird: Rhode Island **RED HEN**

SALVE REGINA University

Setting for NBC television **SERIES** "Providence"

First **SPEEDING** ticket in 1904

Birthplace of portrait artist Gilbert **STUART**

International **TENNIS** Hall of Fame

THIRTEENTH of the original 13 colonies: May 29, 1790

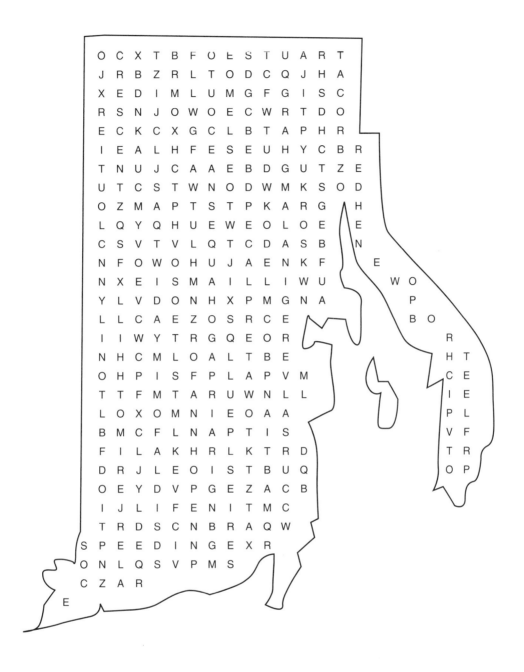

```
O C X T B F O E S T U A R T
J R B Z R L T O D C Q J H A
X E D I M L U M G F G I S C
R S N J O W O E C W R T D O
E C K C X G C L B T A P H R
I E A L H F E S E U H Y C B R
T N U J C A A E B D G U T Z E
U T C S T W N O D W M K S O D
O Z M A P T S T P K A R G   H
L Q Y Q H U E W E O L O E   N
C S V T V L Q T C D A S B
N F O W O H U J A E N K F   E
N X E I S M A I L L I W U     W O
Y L V D O N H X P M G N A     P
L L C A E Z O S R C E        B O
I I W Y T R G Q E O R        R  T
N H C M L O A L T B E        C  E
O H P I S F P L A P V M      I  E
T T F M T A R U W N L L      P  L
L O X O M N I E O A A        V  F
B M C F L N A P T I S        T  R
F I L A K H R L K T R D      O  P
D R J L E O I S T B U Q
O E Y D V P G E Z A C B
I J L I F E N I T M C
T R D S C N B R A Q W
S P E E D I N G E X R
O N L Q S V P M S
C Z A R
E
```

State flower: **VIOLET**

WATERPLACE Park

State founder: Roger **WILLIAMS**, in 1636

YAWGOO Valley ski area

ANSWER, PAGE 108

SOUTH CAROLINA

State gemstone: **AMETHYST**

Lowest point: **ATLANTIC** coast at sea level

State bird: **CAROLINA WREN**

State capital: **COLUMBIA**

EIGHTH of the original 13 colonies: May 23, 1788

The language **GULLAH** is spoken

HILTON HEAD Island

Birthplace of the 7th U.S. President, Andrew **JACKSON**

State beverage: **MILK**

MYRTLE Beach

State nickname: The **PALMETTO** State

PARAMOUNT'S Carowinds theme park

State fruit: **PEACH**

State insect: **PRAYING MANTIS**

Highest point: **SASSAFRAS** Mountain at 3,560 feet

State flower: **YELLOW JESSAMINE**

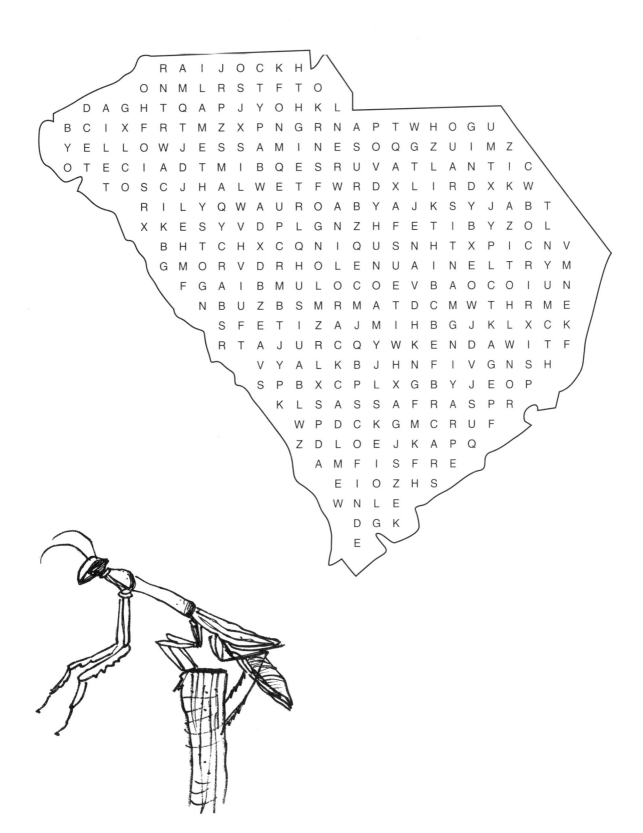

```
            R A I J O C K H
            O N M L R S T F T O
    D A G H T Q A P J Y O H K L
    B C I X F R T M Z X P N G R N A P T W H O G U
    Y E L L O W J E S S A M I N E S O Q G Z U I M Z
    O T E C I A D T M I B Q E S R U V A T L A N T I C
    T O S C J H A L W E T F W R D X L I R D X K W
    R I L Y Q W A U R O A B Y A J K S Y J A B T
    X K E S Y V D P L G N Z H F E T I B Y Z O L
    B H T C H X C Q N I Q U S N H T X P I C N V
    G M O R V D R H O L E N U A I N E L T R Y M
    F G A I B M U L O C O E V B A O C O I U N
    N B U Z B S M R M A T D C M W T H R M E
    S F E T I Z A J M I H B G J K L X C K
    R T A J U R C Q Y W K E N D A W I T F
    V Y A L K B J H N F I V G N S H
    S P B X C P L X G B Y J E O P
    K L S A S S A F R A S P R
    W P D C K G M C R U F
    Z D L O E J K A P Q
    A M F I S F R E
    E I O Z H S
    W N L E
    D G K
    E
```

ANSWER, PAGE 102

SOUTH DAKOTA

Lowest point: **BIG STONE** Lake at 962 feet

BLACK HILLS GOLD jewelry

Gutzon **BORGLUM** designed Mount Rushmore

COSMOS Mystery Area (where balls roll uphill)

State animal: **COYOTE**

CRAZY HORSE Memorial

Avenue of **FLAGS**

FLINTSTONES Bedrock City

FORTIETH state to enter the Union: November 2, 1889

Highest point: **HARNEY PEAK** at 7,242 feet

Nickname: **MOUNT RUSHMORE** State

State flower: **PASQUE FLOWER**

State bird: Chinese ring-necked **PHEASANT**

State capital: **PIERRE**

State tree: Black Hills **SPRUCE**

WALL DRUG Store

State fish: **WALLEYE**

```
D  N  A  I  V  J  Z  T  F  M  S  S  R  M  V  W  O  T  C  X  E  C  U  R  P  S
C  L  M  Y  J  R  G  X  M  B  C  N  O  K  A  L  E  K  D  T  F  Y  A  L  O  R
H  N  O  A  C  V  L  Z  A  F  Z  R  B  L  C  O  S  M  O  S  L  Z  E  Q  U  T
S  E  U  G  F  P  W  C  O  D  L  G  P  E  L  Q  R  Y  J  H  K  I  S  L  F  R  L  H
M  V  N  D  S  U  H  Y  E  Q  D  A  X  O  D  W  O  P  B  N  P  A  Y  P  L  S  P  D
W  I  T  K  Q  L  A  F  D  W  S  Y  G  E  K  C  H  V  F  J  U  H  K  T  I  A  F  O
A  O  R  Z  I  P  L  O  P  Q  Z  F  P  S  E  B  Y  O  C  P  E  T  E  O  N  C  W  C
R  D  U  E  B  T  R  I  U  F  Q  R  D  M  C  D  Z  G  A  M  G  L  X  A  T  F  M  H
J  K  S  M  L  O  S  E  H  A  R  N  E  Y  P  E  A  K  I  K  D  B  U  N  S  Z  Q  T
U  L  H  E  U  T  F  Z  O  K  P  A  C  B  F  L  R  S  Z  R  I  S  J  V  T  A  O  E
F  P  M  S  H  L  B  L  G  H  C  E  Q  G  N  M  C  H  Q  H  C  B  W  M  O  R  N  I
K  T  O  F  O  D  G  M  N  C  M  A  E  T  S  E  K  P  O  U  X  Z  I  R  N  A  L  T
Q  G  R  W  I  N  C  R  P  H  N  R  L  Z  X  M  W  A  L  L  D  R  U  G  E  U  G  R
B  X  E  A  G  K  J  E  O  I  L  H  K  B  L  A  H  R  T  F  I  E  T  B  S  O  M  O
E  R  R  E  I  P  M  K  Z  B  I  M  U  A  O  T  Z  F  D  K  C  L  F  X  T  T  H  F
                                                      Q  R  A  M  O  A
                                                      N
                                                            E
```

ANSWER, PAGE 110

TENNESSEE

Highest point: **CLINGMANS DOME** at 6,643 feet

DOLLYWOOD theme park

Largest replica of France's **EIFFEL** Tower

FAN FAIR country music festival

GENERAL Jackson Showboat

GIBSON guitars are made

GRACELAND (Elvis Presley's estate)

GRAND OLE OPRY

LIBERTYLAND amusement park

Country singer Loretta **LYNN'S** Ranch

Country singer Louise **MANDRELL** Theater

National Ornamental **METAL** Museum

Lowest point: **MISSISSIPPI** River at 182 feet

State bird: **MOCKINGBIRD**

State capital: **NASHVILLE**

State flower: **PURPLE IRIS**

State animal: **RACCOON**

SIXTEENTH state to enter the Union: June 1, 1796

Architect William **STRICKLAND** is buried within the walls of state capitol building

SUN STUDIO

Tennessee **TITANS**

State tree: **TULIP POPLAR**

Nickname: The **VOLUNTEER** State

WAVE Country water park

WILDHORSE restaurant

Hank **WILLIAMS** Jr. Museum

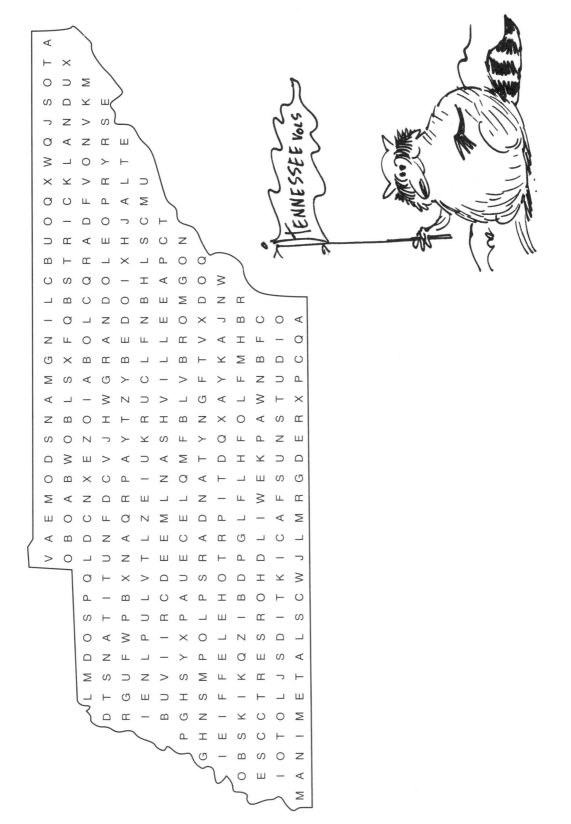

ANSWER, PAGE 112

TENNESSEE Vols

V A E M O D S N A M G N I L C B U O Q X W Q J S O T A
O B O A B W O B L S X F Q B S T R I C K L A N D U X
L M D O S P Q L D C N X E Z O I A B O L C Q R A D F V O N V K M
D T S N A T I T U N F D C V J H W G R A N D O L E O P R Y R S E
R G U F W P B X N A Q R P A Y T Z Y B E D O I X H J A L T E
I E N L P U L V T L Z E I U K R U C L F N B H L S C M U
B U V I R C D E E M L N A S H V I L L E E A P C T
P G H S Y X P A U E C E L Q M F B L V B R O M G O N
G H N S M P O L P S R A D N A T Y N G F T V X D O Q
I E I F E L E H O T R P I T D Q X A Y K A J N W
O B S I K Q Z I B D P G L F H O L F M H B R
E S C C T R E S R O H D L I W E K P A W N B F C
I O T O L J S D I T K I C A F S U N S T U D I O
M A N I M E T A L S C W J L M R G D E R X P C Q A

TEXAS

The **ALAMO**

State capital: **AUSTIN**

State flower: **BLUEBONNET**

Cars are buried nose down at **CADILLAC** Ranch

Dallas **COWBOYS**

Birthplace of the 34th U.S. President, Dwight D. **EISENHOWER**

Highest point: **GUADALUPE PEAK** at 8,749 feet

Lowest point: **GULF** coast at sea level

HIDDEN Falls Ranch

Birthplace of the 36th U.S. President, Lyndon B. **JOHNSON**

JOYLAND Amusement Park

Nickname: The **LONE STAR** State

Museum and headquarters of cosmetics company **MARY KAY**

State bird: **MOCKINGBIRD**

Birthplace of Mary Martin, who played **PETER PAN** on Broadway

SCHLITTERBAHN water park

TWENTY-EIGHTH state to enter the Union: December 29, 1845

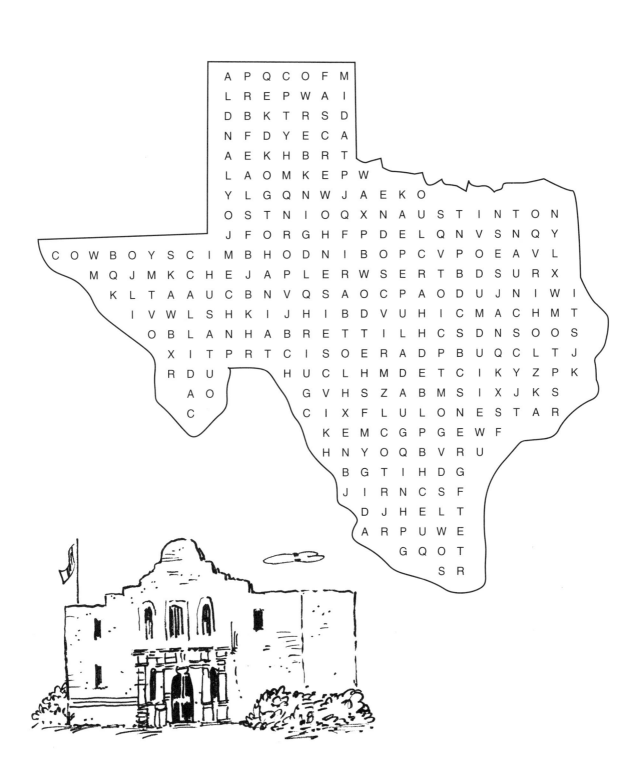

```
        A P Q C O F M
        L R E P W A I
        D B K T R S D
        N F D Y E C A
        A E K H B R T
        L A O M K E P W
        Y L G Q N W J A E K O
        O S T N I O Q X N A U S T I N T O N
        J F O R G H F P D E L Q N V S N Q Y
C O W B O Y S C I M B H O D N I B O P C V P O E A V L
        M Q J M K C H E J A P L E R W S E R T B D S U R X
        K L T A A U C B N V Q S A O C P A O D U J N I W I
        I V W L S H K I J H I B D V U H I C M A C H M T
        O B L A N H A B R E T T I L H C S D N S O O S
        X I T P R T C I S O E R A D P B U Q C L T J
        R D U   H U C L H M D E T C I K Y Z P K
        A O     G V H S Z A B M S I X J K S
        C       C I X F L U L O N E S T A R
                K E M C G P G E W F
                H N Y O Q B V R U
                B G T I H D G
                J I R N C S F
                D J H E L T
                A R P U W E
                G Q O T
                S R
```

ANSWER, PAGE 104

UTAH

ALPINE skiing

ARCHES National Park

Lowest point: **BEAVERDAM** Creek at 2,000 feet

Nickname: The **BEEHIVE** State

Mount **BEN LOMOND**

State tree: **BLUE SPRUCE**

CHERRY HILL amusement park

CLOVER Club potato chip factory

DINOSAUR National Monument

ECCLES Dinosaur Park

FORTY-FIFTH state to enter the Union: January 4, 1896

GOLDEN Spike National Historic Site

Church of **JESUS CHRIST** of Latter-day Saints headquarters

Highest point: **KINGS** Peak at 13,528 feet

LAGOON amusement park

LA-Z-BOY Chair Company

2002 Winter **OLYMPIC** Games

State capital: **SALT LAKE CITY**

State bird: **SEA GULL**

State flower: **SEGO LILY**

Avon, Utah, is named after the birthplace of William **SHAKESPEARE**

SILVER discovered in 1868

TEMPLE Square

```
G A R I Q Y J B O K R
H O P N O O G A L U C
E G L B F S E T A D V
S Y Z D N X M S W L A
I A Z T E Q O I Y P S
L E C B D N X R B G S E G O L I L Y
V U H L I A C H S Z R D A Q C H P T
E C E D P L W C L O V E R G E M F I
R F R Z A P F S T A E C A N U I V C
Z M R B H I V U H R O T E M P L E E
E D Y K I N G S A T L K S L B O L K
R V H J L E U E C A F B J E T J G A
Q G I E O V P J O R K I A N H K J L
E F L H K S U Y D T B V F K O C H T
C B L U E S P R U C E I J Y B I R L
C I M K W E Z T J R U S L F T L B A
L J A N C X B H D U O M B O Z R A S
E H K F L I S A R T C I P M Y L O I
S K O D N O M O L N E B F Q Z R S F
```

ANSWER, PAGE 103

VERMONT

Birthplace of the 21st U.S. President, Chester A. **ARTHUR**

CANDLE Mill Village

Birthplace of the 30th U.S. President, Calvin **COOLIDGE**

FOURTEENTH state to enter the Union: March 4, 1791

Nickname: The **GREEN MOUNTAIN** State

State bird: **HERMIT THRUSH**

Lowest point: **LAKE CHAMPLAIN** at 95 feet

State capital: **MONTPELIER**

Highest point: **MOUNT MANSFIELD** at 4,393 feet

Porter **MUSIC BOX** Company

NORWICH University

State flower: **RED CLOVER**

SMUGGLER'S NOTCH ski resort

State tree: **SUGAR MAPLE**

TRAPP FAMILY ski lodge

```
H T N E E T R U O F L D E P K D Q E Q S A
K C J T L A F B V I T A C S H Z R L O C O
  T H C N U D S U K R F S J C O D V Q
  M O Q G R E E N M O U N T A I N I B
  Z S N V C D V W E R Y H N Y M A S M P
  I D W S F G M F H O B I T O I C M H I
  R E M C R R K T X J Z X H R L D B U R
  A I O H J E T I N W G A K T A P C Z
  H M L G B I L A M S A L H B I Q T
  Q U P T M L E G D I L O O C
  F B I R O E H I G O S I B
A G I E T H P I J K U Q L R
L P H G H L T K F G J M P Y
T I F L A K Z N G A F S T S H
O R T C O S D O R O T X Q Z I
C Q A X E B W M A I E O A G O
K O F P V K A Q J C H G V E
L H I B P P R S W I D F S L
T C N D L F P K O R M R A
H D B E C U A K Q E C K O
C L C A P L O M S D E T
O E F M X N K W I C B S
  I L Q E Y G V H L V U
  F B I M Z J A C O Y
  S D O A L M X M V U
  N A E D P I O F E N
  A B F L M B Q L R A
  M J A C U H A X S T
  T I H E S G K S E H
  N O R W I C H I F
  U L K F C G B R T
  O D P C B Q E D C
  M A W R O S P S E
  K H V Z X I A M T
```

ANSWER, PAGE 102

VIRGINIA

Lowest point: **ATLANTIC** coast at sea level

McKee's **BEATLES** Museum

BUSCH Gardens

State bird: **CARDINAL**

DINOSAUR Land

State flower and tree: **DOGWOOD**

FUN-N-GAMES family entertainment center

Birthplace of the 9th U.S. President, William
Henry **HARRISON**

Birthplace of the 3rd U.S. President, Thomas
JEFFERSON

Birthplace of the 4th U.S. President, James
MADISON

Federal Reserve **MONEY** Museum

Birthplace of the 5th U.S. President, James
MONROE

Highest point: **MOUNT ROGERS** at 5,729
feet

Nickname: **OLD DOMINION**

State capital: **RICHMOND**

Birthplace of the 12th U.S. President, Zachary
TAYLOR

TENTH of the original 13 colonies: June 25,
1788

Birthplace of the 10th U.S. President, John
TYLER

Mount **VERNON**

Setting for the TV series "The **WALTONS**"

Birthplace of the 1st U.S. President, George
WASHINGTON

Birthplace of the 28th U.S. President, Woodrow
WILSON

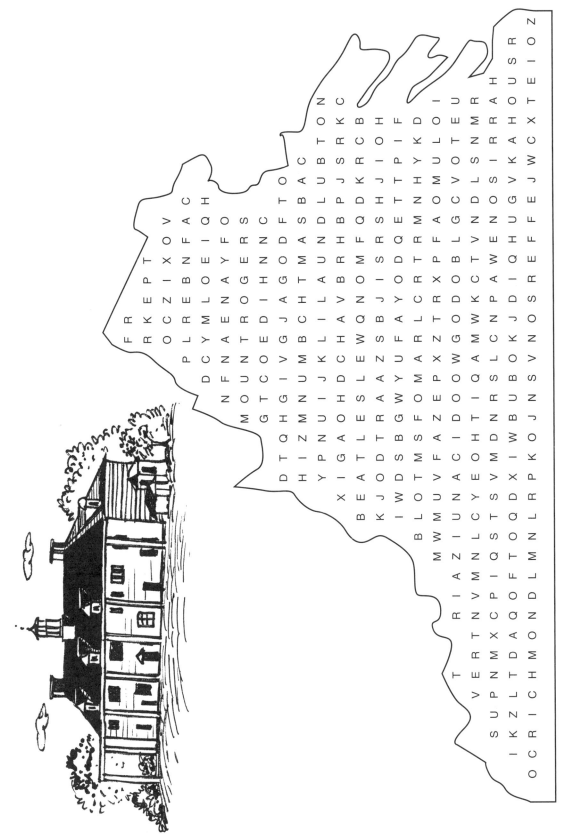

ANSWER, PAGE 112

WASHINGTON

State fruit: **APPLE**

State grass: **BLUEBUNCH** wheatgrass

Cape **DISAPPOINTMENT** Lighthouse

DOUGLAS FIR trees

Nickname: The **EVERGREEN** State

FORTY-SECOND state to enter the Union: November 11, 1889

GLACIER PEAK volcano

ICICLE Junction family fun center

World **KITE** Museum

State capital: **OLYMPIA**

Lowest point: **PACIFIC** coast at sea level

State gem: **PETRIFIED WOOD**

Highest point: Mount **RAINIER** at 14,410 feet

State flower: Coast **RHODODENDRON**

Mount **SAINT HELENS** volcano

SAN JUAN Islands

SEATTLE

The **SPACE** Needle

State dance: **SQUARE** dance

State fish: **STEELHEAD TROUT**

State tree: **WESTERN HEMLOCK**

State bird: **WILLOW GOLDFINCH**

```
                    H I Z H B T N E M T N I O P P A S I D X P S
                      C D T U H Z A E F Q E T F M L T S R F A Q
                      O N O R D N E D O D O H R D U E F Q I C K
                      M O I V M L S I H B P D G F R E G N B I R
                      C K F W K F C L N O S U Q P L T H C F Q
                      E R Z D C D R Z O F E M S K H I D K I O
W Z C O D L           S T X O L M Q W R C Z R P E E Q J L C P
  E L P P A           Y H V C I O D I M O I V L R A I N I E R
  T S M E K           T S P A C E G Y S G L E A P D T C D M O
  I X T V             R P M N I C L W X T N D O C T K T O I A L
  K V Q E           I O D L F K R O T O S C T B D R F B L C H K
  H C R R         M F T I O A I P M Y L O V N M O U L K E C O
  M D G O N U C E R C A F D M V U B L U E B U N C H L M Q
  L S R I T H F T Z O L R S A I W H Z I R L T E A V C R X
  A R E T K A E P R E I C A L G E A O X W Q T N O W I D F
  V B E F Q P N M A T S Q N B R J P T M K J B I M X C F C
  H N A W K L A L R K J J A K R E D O U G L A S F I R A R
    F O S U O X E U B L K P O M R I
    Z B R C M C Q A I S T
    R F D     S K N
```

ANSWER, PAGE 111

WEST VIRGINIA

State bird: **CARDINAL**

CHALLENGER Learning Center

State capital: **CHARLESTON**

New River **GORGE BRIDGE** (longest single-arch steel bridge)

Birthplace of country singer Kathy **MATTEA**

Nickname: The **MOUNTAIN** State

Lowest point: **POTOMAC** River at 240 feet

State flower: **RHODODENDRON**

James **RUMSEY** Steamboat Museum

Highest point: **SPRUCE KNOB** at 4,863 feet

State tree: **SUGAR MAPLE**

THIRTY-FIFTH state to enter the Union: June 20, 1863

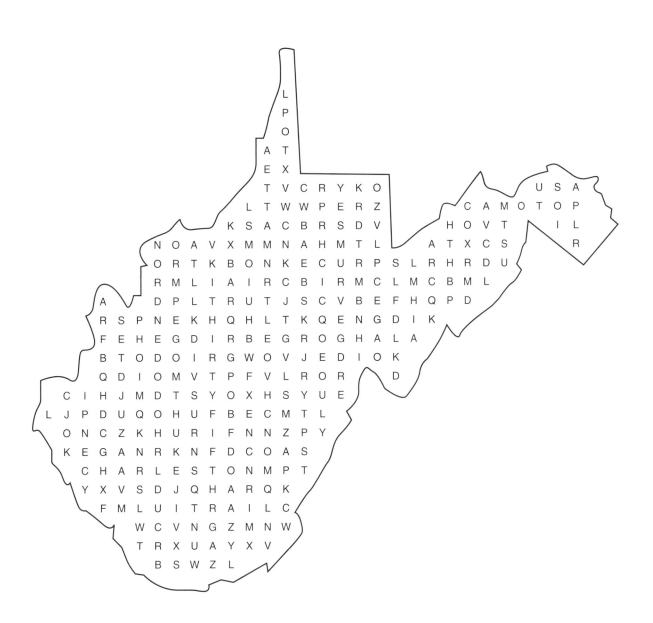

ANSWER, PAGE 109

WISCONSIN

Nickname: The **BADGER** State

BAY BEACH Amusement Park

Milwaukee **BUCKS**

GREEN BAY Packers

HARLEY-Davidson corporate headquarters

HOUDINI Historical Center

LITTLE-A-MERRICK-A amusement park

King **LUDWIG'S** Adventure Park

State capital: **MADISON**

Lowest point: Shore of Lake **MICHIGAN** at 581 feet

Mount Horeb **MUSTARD** Museum

State bird: **ROBIN**

ROCK in the House (a 55-ton boulder fell into a house and is now an attraction)

Little White **SCHOOLHOUSE** (birthplace of the Republican Party)

State tree: **SUGAR MAPLE**

First ice cream **SUNDAE** made here

THIRTIETH state to enter the Union: May 29, 1848

THUMB FUN park

Highest point: **TIMMS HILL** at 1,951 feet

State flower: **WOOD VIOLET**

Birthplace of architect Frank Lloyd **WRIGHT**

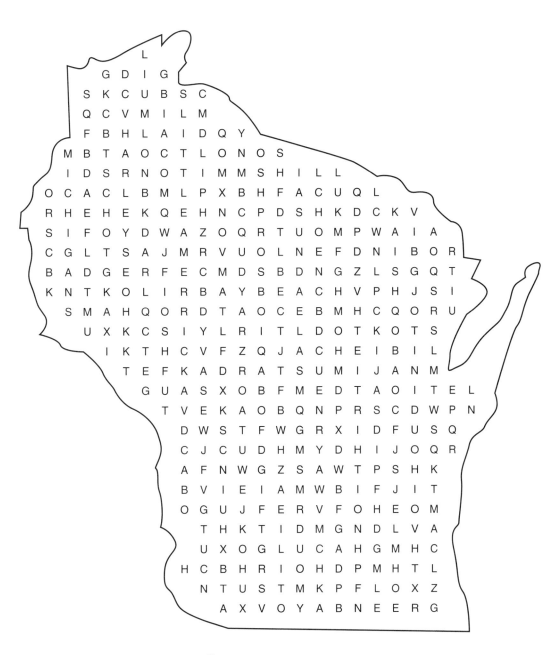

```
        L
      G D I G
    S K C U B S C
    Q C V M I L M
    F B H L A I D Q Y
  M B T A O C T L O N O S
  I D S R N O T I M M S H I L L
  O C A C L B M L P X B H F A C U Q L
  R H E H E K Q E H N C P D S H K D C K V
  S I F O Y D W A Z O Q R T U O M P W A I A
  C G L T S A J M R V U O L N E F D N I B O R
  B A D G E R F E C M D S B D N G Z L S G Q T
  K N T K O L I R B A Y B E A C H V P H J S I
  S M A H Q O R D T A O C E B M H C Q O R U
  U X K C S I Y L R I T L D O T K O T S
    I K T H C V F Z Q J A C H E I B I L
    T E F K A D R A T S U M I J A N M
    G U A S X O B F M E D T A O I T E L
    T V E K A O B Q N P R S C D W P N
    D W S T F W G R X I D F U S Q
    C J C U D H M Y D H I J O Q R
    A F N W G Z S A W T P S H K
    B V I E I A M W B I F J I T
    O G U J F E R V F O H E O M
    T H K T I D M G N D L V A
    U X O G L U C A H G M H C
    H C B H R I O H D P M H T L
    N T U S T M K P F L O X Z
    A X V O Y A B N E E R G
```

mustard
MUSEUM

ANSWER, PAGE 107

WYOMING

Lowest point: **BELLE** Fourche at 3,099 feet

State mammal: **BISON**

State capital: **CHEYENNE**

State tree: **COTTONWOOD**

Nickname: The **COWBOY** State

DEVILS Tower National Monument

FLAMING GORGE National Recreation Area

FORTY-FOURTH state to enter the Union: July 10, 1890

Highest point: **GANNETT PEAK** at 13,804 feet

HOT SPRINGS at Yellowstone

State flower: **INDIAN PAINTBRUSH**

First **J.C. PENNEY** store, in 1902

State bird: **WESTERN MEADOWLARK**

YELLOWSTONE National Park

```
H  S  U  R  B  T  N  I  A  P  N  A  I  D  N  I  W  T  A  W
T  A  B  Z  J  Y  E  X  H  U  V  W  E  L  E  E  H  B  S  N
R  O  I  E  M  A  F  L  N  B  P  C  P  H  S  V  O  J  O  P
U  C  H  X  I  S  C  R  L  L  U  Q  F  T  Y  M  I  K  C  E
O  I  L  K  B  Q  J  C  P  E  N  N  E  Y  E  J  K  L  F  X
F  T  W  G  F  P  D  T  O  H  B  R  D  C  L  S  E  I  S  T
Y  B  R  J  C  H  S  J  I  X  N  X  M  K  L  T  M  D  K  V
T  O  H  V  O  K  F  L  A  M  I  N  G  G  O  R  G  E  F  C
R  S  V  O  T  A  M  F  E  R  S  P  J  Q  W  S  T  Q  H  I
O  D  F  A  T  P  H  A  B  C  O  A  C  B  S  J  P  E  P  L
F  T  U  Z  O  S  D  G  N  T  B  V  O  N  T  A  Y  M  I  S
N  C  A  E  N  O  P  T  O  P  R  D  G  A  O  E  Z  R  O  Q
L  U  D  T  W  C  X  R  H  L  E  X  J  I  N  S  T  X  E  V
E  H  O  L  O  B  S  A  I  S  Q  F  B  N  E  N  I  S  U  O
M  F  A  C  O  F  T  K  C  N  E  A  E  H  C  O  W  B  O  Y
D  R  K  Q  D  S  R  M  L  P  G  Q  H  M  U  S  P  X  U  S
K  A  E  P  T  T  E  N  N  A  G  S  A  N  V  T  A  L  M  T
```

ANSWER, PAGE 109

VERMONT

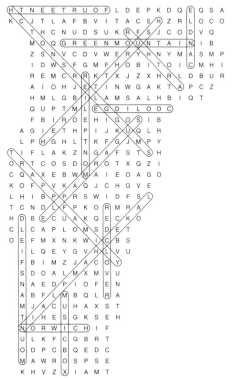

OHIO

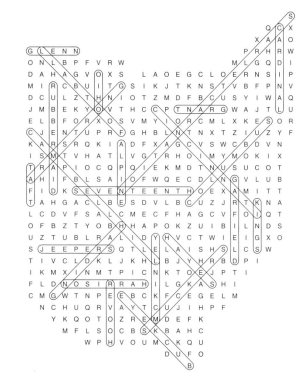

COLORADO

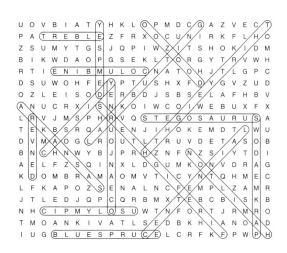

SOUTH CAROLINA

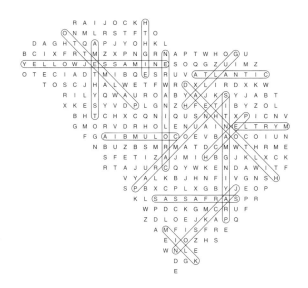

ARKANSAS

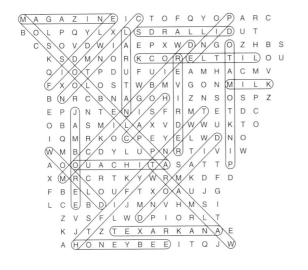

NEVADA

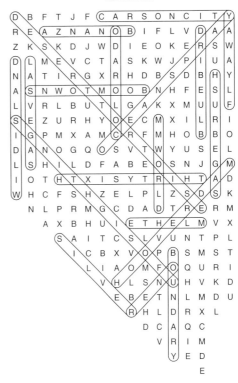

UTAH

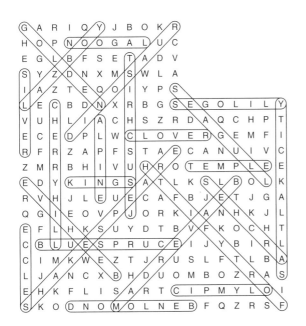

ALASKA

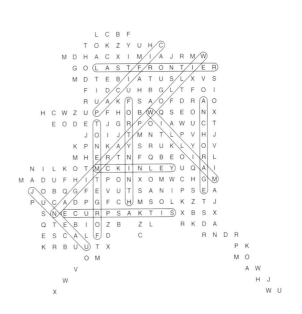

MICHIGAN

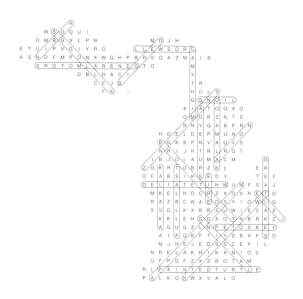

IDAHO

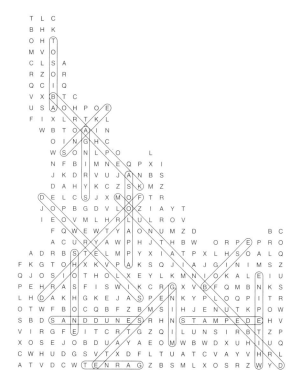

ILLINOIS

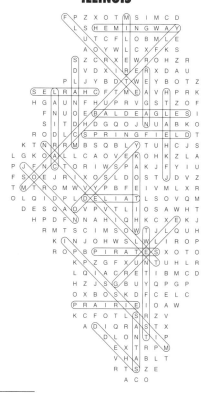

TEXAS

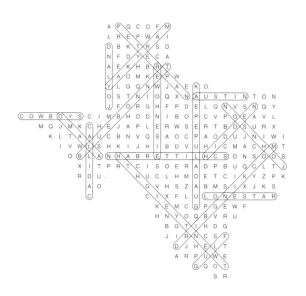

LOUISIANA

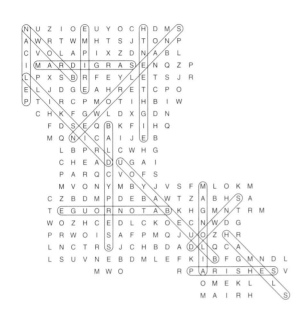

CALIFORNIA

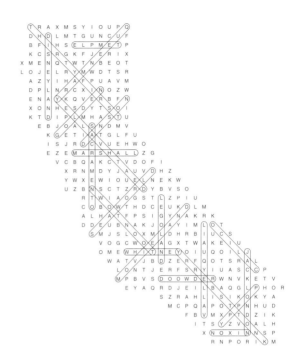

INDIANA

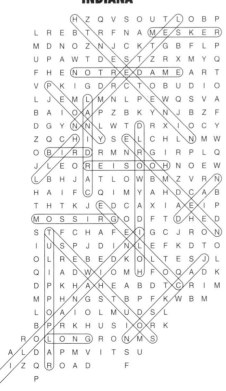

HAWAII

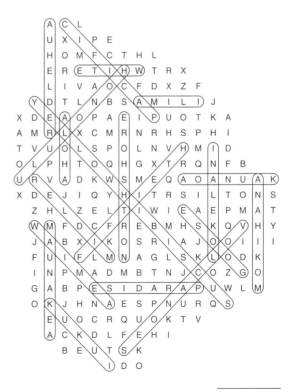

FLORIDA

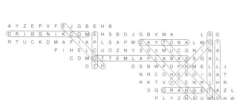

ALABAMA

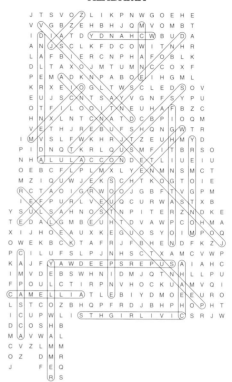

DELAWARE

ARIZONA

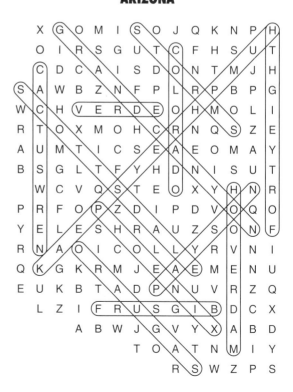

WISCONSIN

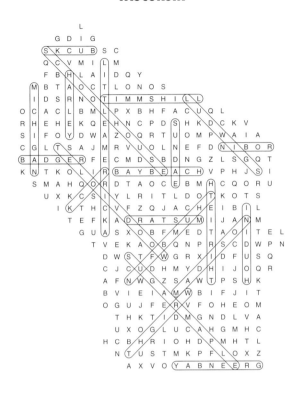

MISSOURI

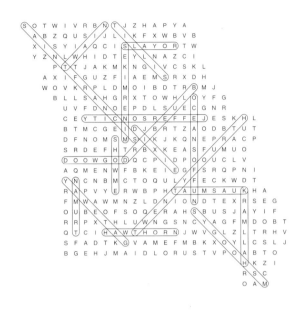

MISSISSIPPI

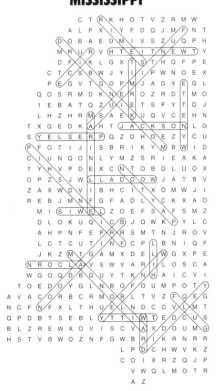

GEORGIA

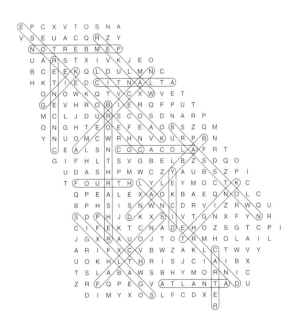

NEW JERSEY

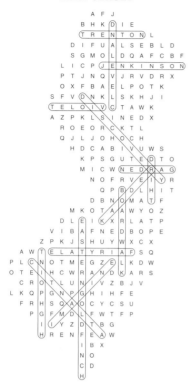

RHODE ISLAND

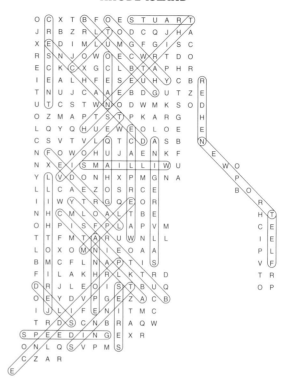

MAINE

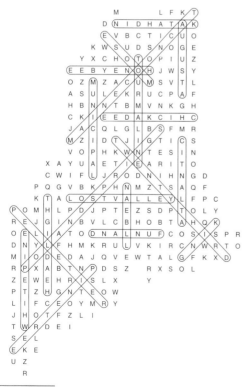

MINNESOTA

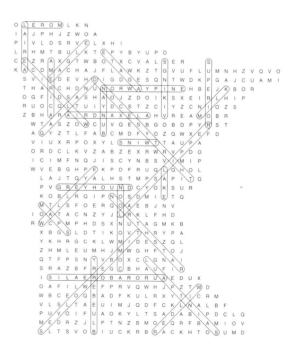

NEW HAMPSHIRE

WYOMING

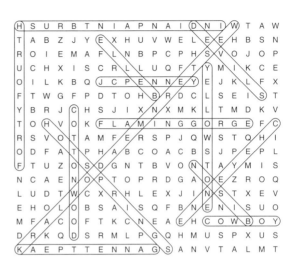

NEW MEXICO

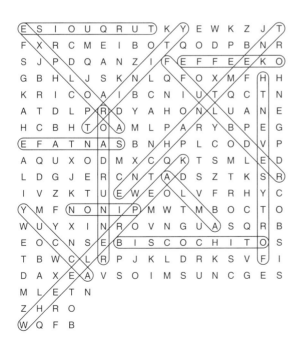

WEST VIRGINIA

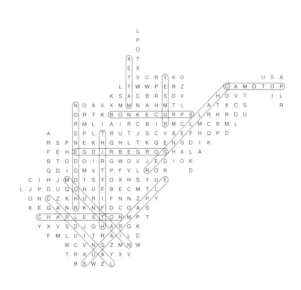

NEBRASKA

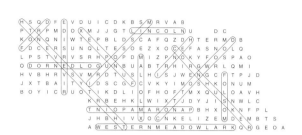

OKLAHOMA

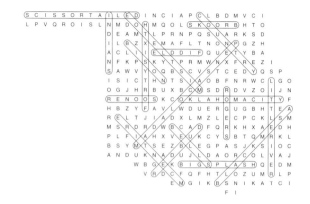

CONNECTICUT

SOUTH DAKOTA

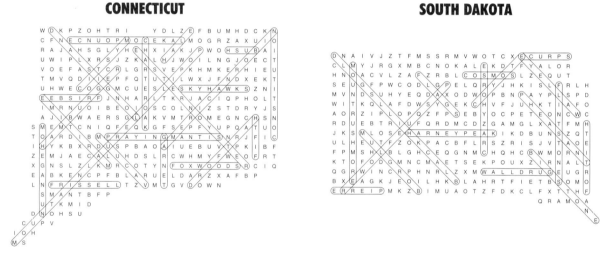

NORTH DAKOTA

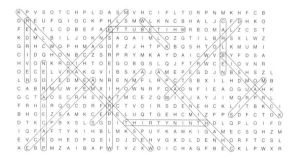

NORTH CAROLINA

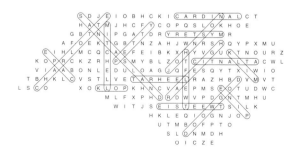

WASHINGTON

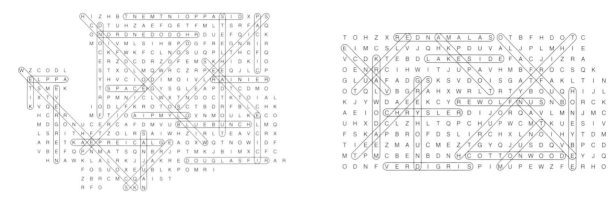

KANSAS

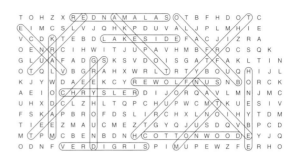

IOWA

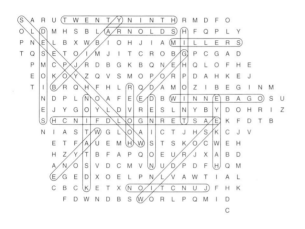

OREGON

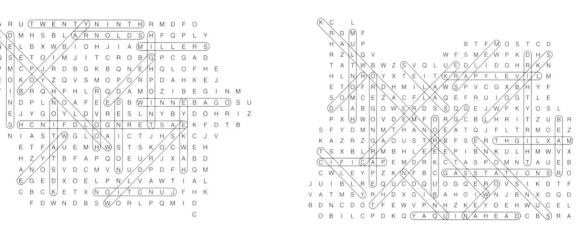

MONTANA

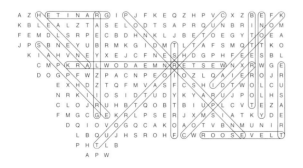

PENNSYLVANIA

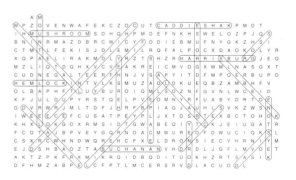

VIRGINIA

KENTUCKY

MARYLAND

NEW YORK

MASSACHUSETTS

TENNESSEE